Entre privé et public

Daniela Pietrini

Entre privé et public

Perspectives linguistiques sur la question des limites

PETER LANG

Berlin - Bruxelles - Chennai - Lausanne - New York - Oxford

Information bibliographique de la Deutsche Nationalbibliothek
La Deutsche Nationalbibliothek a répertorié cette publication dans
la Deutsche Nationalbibliographie; les données bibliographiques
détaillées peuvent être consultées sur Internet à l'adresse
http://dnb.d-nb.de.

ISBN 978-3-631-91293-5 (Print)
E-ISBN 978-3-631-91832-6 (E-PDF)
E-ISBN 978-3-631-91833-3 (E-PUB)
10.3726/b21792

Table des matières

Daniela Pietrini
Introduction 7

Eva Martha Eckkrammer
Onsefaitunebouffe et la recette culinaire : de la sphère privée au public et
du public au public personnalisé 17

Antje Lobin
« Alors moi, j'ai vécu plusieurs années à Berne… » : stratégies discursives
à la télévision locale entre espace public et espace privé 35

Anamaria Gebăilă
« Vous connaissez la vie privée de vos collaborateurs ou de vos amis ?
Moi pas ». Le discours privé comme stratégie électorale dans les débats
télévisés 49

Sandra Issel-Dombert / Angela Schrott
Vie privée et peopolisation : l'affaire Hollande-Gayet entre politique et
comédie 65

Verena Weiland
La constitution linguistique des domaines du *privé* et du *public* dans le
discours sur la surveillance et la sécurité – Analyser des changements au
gré des événements et des acteurs politiques 87

Livia Gaudino-Fallegger
La sphère privée à l'époque du virtuel. Une étude linguistique et
contrastive (français / allemand) 105

Tanja Prohl
Les blogs vidéo des *YouTubeurs* dans le continuum entre le public et le
privé : une approche théorique et empirique 123

Magali Bigey / Justine Simon
Adresses et mentions sur Twitter : subtilités d'exploitation des espaces
semi-privés et semi-publics 137

Auteures 151

Contacts 155

Daniela Pietrini

Introduction

1. La vie privée : une notion floue

« Votre vie privée compte » ; « Le respect de votre vie privée est notre priorité » ;
« Les Éditions Le Robert respectent votre vie privée » : impossible aujourd'hui
de consulter n'importe quel site Internet sans tomber d'abord sur des déclarations de protection de la vie privée, liées dans ce cas-là à la collecte de cookies.
Même outre le cas des données personnelles et de leur exploitation, le recours à
la notion de vie privée est omniprésent dans l'expérience quotidienne :

> La vie privée est souvent invoquée au quotidien ou lors de débats politiques sous la
> forme de simples injonctions, souvent viscérales : ‹ Il faut respecter la vie privée des
> gens › ; ‹ Internet menace la vie privée › ; ‹ Ne te mêle pas de mes affaires ! › ; ‹ Je suis
> libre de faire ce que je veux chez moi › ; ‹ Je fais ce qu'il me plaît de ma vie! ›. (Roche-
> landet 2010, 6)

Bien que l'expression de *vie privée* soit autant fréquente dans le français commun, son sens demeure plutôt incertain. Définie par opposition à la vie profes-
sionnelle et publique (TLFi, s.v. *privé*) en tant que vie intime, « qui est d'ordre
strictement personnel, qui n'intéresse pas le public » (GRob, s.v. *privé*), elle ne
fait l'objet d'aucune définition juridique, bien que son respect soit réglé par l'article 9 du Code civil français, issu de la loi du 17 juillet 1970 : « Chacun a droit
au respect de sa vie privée ». Même s'il n'est pas inscrit explicitement dans le
texte constitutionnel, le respect de la vie privée a aussi acquis une valeur consti-
tutionnelle depuis la décision n° 99–416 du Conseil constitutionnel du 23 juillet
1999 qui le considère comme une conséquence directe de la liberté proclamée
par l'article 2 de la *Déclaration des droits de l'homme et du citoyen* (1789): « la
liberté proclamée par cet article implique le respect de la vie privée » (Décision n° 99–416 DC, 45). La notion de vie privée figure également à l'article 8
de la *Convention de sauvegarde des droits de l'homme et des libertés fondamentales* : « Toute personne a droit au respect de sa vie privée et familiale, de son
domicile et de sa correspondance ». Malgré la reconnaissance juridique de la
vie privée, ses composants « n'ont pas fait l'objet d'une définition ou d'une énumération limitative afin d'éviter de limiter la protection aux seules prévisions
légales » (Braudo, s.v. *vie privée*). En dépit du manque d'une définition légale, la
jurisprudence aide à saisir cette notion en y reconnaissant plusieurs aspects tels

que la vie sentimentale et familiale, l'image, la réputation, la correspondance
(même au niveau professionnel), l'état de santé, la résidence et le domicile.
De l'autre côté, le privé ne peut pas être conçu sans son antonyme, le public :

> Was ‹ Privatheit › meint, lässt sich schwerlich kennzeichnen, ohne den Gegenbegriff
> mitzubedenken, das ‹ Öffentliche ›. Privatheit und Öffentlichkeit sind durch ihren
> Bezug aufeinander bestimmt.[1] (Weiß 2002, 29)

Le droit au respect et à la protection de la vie privée, par exemple, doit être mis
en relation avec d'autres valeurs et libertés autant fondamentales, telles que la
liberté d'expression et d'information. Si le public a un intérêt légitime à être
informé sur des questions relevant de la vie privée d'un personnage menant une
existence médiatisée (homme ou femme politique, artiste, etc.), le rapport entre
les deux pôles opposés du privé et du public peut se compliquer :

> [...] le fait d'exercer une fonction publique ou de prétendre à un rôle politique expose
> nécessairement à l'attention du public, y compris dans des domaines relevant de la vie
> privée, de sorte que certains actes privés de personnes publiques peuvent ne pas être
> considérés comme tels, en raison de l'impact qu'ils peuvent avoir, eu égard au rôle de
> ces personnes sur la scène politique ou sociale et de l'intérêt que le public peut avoir,
> en conséquence, à en prendre connaissance. (Braudo, s.v. *vie privée*)

En outre, on peut révéler soi-même des faits concernant sa propre vie privée ou
donner son autorisation à leur divulgation, et certaines restrictions au droit à
l'intimité de la vie privée peuvent parfois se justifier pour des raisons de sécurité générale.

2. L'opposition privé vs. public au gré du temps

Il ressort déjà de ces réflexions que la notion juridique de vie privée et le concept
courant du privé dans l'expérience quotidienne ne se recoupent pas complètement. En outre, il s'agit de notions qui évoluent au gré du temps, étant traitées
en permanence en société : « [...] la vie privée, quant à elle, semble être une
notion à géométrie variable qui dépend en particulier de sa représentation par
les individus eux-mêmes. » (Rochelandet 2010, 6) Si aujourd'hui nous associons
le privé en premier lieu à la vie en famille et entre amis, à l'intimité sexuelle,
et en général à tout ce qui est soustrait au regard de la société, l'étendue et la
portée du domaine privé par rapport au domaine public n'ont pas toujours été

---

1   « Il est difficile de définir ce qu'est la ‹ vie privée › sans tenir compte de son opposé,
     la ‹ vie publique ›. La sphère privée et la sphère publique sont déterminées par leur
     relation mutuelle » (trad. DP).

les mêmes à différentes époques et leur définition réciproque est le résultat d'un processus dynamique qui se poursuit encore aujourd'hui. L'opposition entre public et privé existait déjà dans l'antiquité grecque, où, selon le modèle aristotélique de la société, le domaine public se rapportait à la sphère politique, et celui du privé à la vie domestique. Le public était lié à l'action politique des citoyens, à leur rôle dans la gestion démocratique de la *Polis*, qui se déroulait dans l'espace collectif (public) de l'*Agora*, le lieu où la communauté se réunissait.

> À toute période, les Grecs ont opposé au public ce qui est *idios*, c'est-à-dire propre, personnel (le mot est de même origine que *suum*, le sien, et tiendra lieu de possessif à l'époque hellénistique) et qui ne concerne qu'un individu ou les individus en général. En face d'*idios*, le collectif est évoqué soit par un adjectif formé sur *démos*, le peuple [...], soit par *koinos*, commun, général, le terme *politikos* étant trop institutionnel pour s'opposer à *idios*. (Levy 2001, 20)

De même, la société romaine de l'époque républicaine distinguait entre deux sphères sociales différentes, la *res publica*, c'est-à-dire le domaine de la communauté, et le *domus*, le domaine domestique de chaque citoyen. Mais cette distinction nette entre public et privé ne peut pas être interprétée exclusivement à l'aide des catégories contemporaines, car le domaine domestique au sein duquel le *pater familias* exerçait son autorité n'est pas tout à fait comparable à une maison actuelle. Son rôle comprenait plusieurs fonctions économiques et religieuses que nous rangerions plutôt dans le champ du public :

> Der häusliche Bereich spielt in der Antike eine besondere Rolle. Entgegen vieler moderner Interpretationen ist er nicht allein dem Privatleben zugedacht. Vielmehr ist das Haus in gewisser Weise auch Teil des öffentlichen, gesellschaftlichen Lebens, in dem ‹ Angelegenheiten des Gemeinwesens › verhandelt und ‹ öffentliche Beratungen › durchgeführt werden.[2] (Einspänner-Pflock 2017, 23, en se référant à Winterling 2010, 179)

En outre, une grande partie des activités concernant la vie privée se déroulaient dans des espaces publics, ouverts à tout le monde, tels que les thermes ou les amphithéâtres (ibid.), tandis que les maisons privées des *nobiles* contenaient plusieurs espaces ouverts au public pour y tenir des consultations collectives (cf. Winterling 2005, 224).

---

2   « Le domaine domestique joue un rôle particulier dans l'Antiquité. Contrairement à de nombreuses interprétations modernes, il n'est pas uniquement réservé à la vie privée. Au contraire, la maison fait aussi partie, d'une certaine manière, de la vie publique, sociale, où sont négociées les ‹ affaires de la communauté › et où se tiennent les ‹ délibérations publiques › » (trad. DP).

Se pencher sur la différenciation fonctionnelle des espaces dans les habitations peut se révéler utile pour esquisser l'histoire du rapport entre public et privé. Bien qu'à la fin du Moyen Age on installe les premières latrines dans les châteaux, il ne s'agit pas encore d'un endroit privé. Tout comme la salle de bain, se baigner était longtemps considéré comme une activité publique et collective. La naissance de l'intimité est marquée par le développement de la salle de bain telle que nous la connaissons aujourd'hui :

> Ce n'est qu'au XIXème siècle que l'on commence à louer une baignoire à domicile dans la pièce principale du logement. A la fin du siècle, les vraies salles de bain apparaissent. (Mercier 2015)

Une autre étape importante dans le développement des notions modernes de privé et de public est constituée par le siècle des Lumières, traditionnellement considéré comme le moment d'émergence de l'espace public bourgeois. On entend par cela une sphère publique se distinguant de l'État et du peuple, conçue comme une structure de sociabilité culturelle et aussi comme un espace de production et de communication des savoirs « qui n'est plus entièrement dominé par les institutions scientifiques » (Van Damme 2022). A cette notion d'espace public s'associe un espace réel dans la maison, le salon, qui sort de l'intimité de la vie privée pour acquérir une fonction publique en tant que lieu de discussion intellectuelle où se passent les débats politico-littéraires, une « innovation sociale fortement attachée à un lieu domestique et aux pratiques de commensalité nobiliaire » (ibid.).

Il est évident qu'entre les deux domaines du privé et du public, bien que distincts, subsiste une large zone d'ombre : au XVIIIème siècle p. ex., cela ne constituait pas d'exception si les lettres privées n'étaient pas seulement lues par le destinataire prévu : soit qu'on les lisait au public dans les salons, soit que le destinataire en tant qu'analphabète nécessitait de l'aide, soit qu'on les faisait passer à toute la famille (cf. Schikorsky 1990, 70 qui se réfère à une „private Kollektivkommunikation", fr. « communication collective privée »).

Mais la majorité de l'espace reste public et ce n'est qu'au XIXème siècle que la sphère privée devient véritablement autonome en se détachant de la perspective centrée sur l'aspect politique. La sphère privée se situe en premier lieu dans le contexte de la vie domestique et familiale, sans toutefois inclure le pont vers la sphère publique, tel qu'il existait au siècle des Lumières avec les réunions de salon (cf. Einspänner-Pflock 2017, 27). Cela va de pair avec les transformations de la famille moderne qui se sépare du reste de la société : « dans ce premier temps, vie privée personnelle et vie privée familiale se confondent et sont conciliables » (Mercier 2015). Là encore, les traces de la transformation sont visibles dans la structure de la maison, où apparaissent les premières chambres conjugales et d'enfants, et où chaque membre occupe un espace spécifique : la cuisine pour la femme, le jardin ou le bureau pour l'homme (cf. ibid.).

Le reste est l'histoire des revendications des années 1960, où le privé s'oppose de nouveau au public / politique dans le fameux slogan féministe « le privé est politique », à travers lequel les militantes du Mouvement de libération des femmes essaient de rendre visibles les rapports de domination des hommes sur les femmes qui se déploient dans la sphère privée. Ainsi, elles dévoilent

> le caractère *politique* – c'est-à-dire inscrit dans des rapports sociaux de pouvoir – de lieux, comportements et faits communément non questionnés, perçus comme relevant de l'ordre de l'intime, des relations interpersonnelles, de l'invisible ou du trivial [...]. (Bereni / Revillard 2009, 27)

De cette manière, le mouvement de 68 représente une rupture remarquable dans la conception historique de la vie privée, car jamais auparavant le privé n'avait pris autant d'importance dans les débats politiques et sociaux. Ensuite, la notion de privé se répartit en privé familial et en privé individuel, mais l'expression de son intimité personnelle entre de plus en plus dans la sphère publique en s'y mêlant : « nous sommes face à une quête d'individualisation qui s'étend à toutes les sphères de la vie publique, qui trouble la logique de séparation entre les deux sphères en créant du continu » (Mercier 2015). Si des zones grises ont toujours existé, la séparation nette entre sphère publique et sphère privée n'est aujourd'hui plus tenable : on pense p. ex. à l'exhibition de la vie personnelle dans l'espace public médiatique (c'est le cas dans les reality shows), qui transforme le privé en public, ou à la soi-disant *pipolisation*, c'est-à-dire la « médiatisation de la vie privée des personnalités publiques » (PRob 2023, s.v. *pipolisation*), qui montre les personnages publics comme s'ils étaient des particuliers. Lors de l'élection présidentielle de 2017, on a pu observer également une tendance « vers une personnalisation de la vie politique » (Bothorel 2017). Ainsi, le candidat présidentiel de l'époque, Emmanuel Macron, a marqué le paysage médiatique en mettant en scène une partie de sa vie privée, notamment à travers le documentaire *Emmanuel Macron, la stratégie du météore* (Pierre Hurel, 2016)[3] dans lequel des personnes de son entourage personnel s'expriment.

---

3 Malheureusement, la vidéo, réalisée par Pierre Hurel (qui a accompagné Emmanuel Macron pendant plusieurs mois) et diffusée sur *France 3* en 2016, n'est plus disponible sur France.tv.

La révolution digitale et ses répercussions sur les structures de la société entrainent des changements significatifs et rendent de plus en plus complexes les limites entre domaine privé et domaine public. La diffusion rapide de nouvelles formes de communication numérique telles que les réseaux sociaux, les weblogs, les microblogs, etc. a contribué à créer de nouvelles formes de publication et de participation illimitées. Aujourd'hui, on assiste à un changement dans la perception et la réalisation de la vie privée, qui est devenue de plus en plus négociable et publiquement présentable. Sur les réseaux sociaux, chacun publie volontairement des contenus qui concernent ses relations intimes, son quotidien ainsi que la confidentialité et des moments d'émotion personnelle, c'est-à-dire des formes typiques de la vie privée. Déjà en 2010, le fondateur de Facebook, Marc Zuckerberg, a évoqué la crise de la protection de la vie privée dans une célèbre interview avec Mike Michael Arrington de TechCrunch en soulignant le changement en cours :

> People have really gotten comfortable not only sharing more information and different kinds, but more openly and with more people. That social norm is just something that has evolved over time.[4]

Il s'agit d'un changement culturel au cours duquel les normes et les valeurs traditionnelles de discrétion et les frontières habituelles entre le privé et le public sont remises en question (cf. Konert / Hermanns 2002, 416).

3. Objectifs et contributions du présent volume

Ce volume est issu du propos d'examiner de près cette zone grise entre domaine privé et domaine public en considérant les changements récents d'un point de vue linguistique. Plusieurs aspects sont susceptibles d'attirer l'attention de la linguistique : des modalités de publication des informations privées aux mécanismes de cryptage par lesquels le locuteur / l'émetteur rend public des informations privées tout en y limitant l'accès (sous-entendus, émoticônes, expressions vagues, orthographe difficile à déchiffrer, etc.) en passant par les

---

4   « Les gens se sont vraiment sentis à l'aise, non seulement en partageant plus d'informations et différents types d'informations, mais aussi en les partageant plus ouvertement et avec plus de personnes. Cette norme sociale a évolué au fil du temps » (trad. DP). On peut écouter l'interview originale sur cette page Internet: https://med ium.com/@EmmanuelAmber/2010-privacy-is-dead-2019-pivot-to-privacy-messag ing-mark-zuckerberg-dd0c49329149 (31/10/2023).

stratégies linguistiques et discursives de mise en scène de la sphère privée en tant que valeur sémantique pour la discussion politique et publique.

Ce volume rassemble une sélection des communications présentées dans le cadre de la section « Domaine privé et domaine public en transformation », qui a eu lieu à l'université de Sarrebruck lors du colloque de l'Association des Francoromanistes Allemands (AFRA) en automne 2016. La première contribution examine le genre textuel de la recette culinaire. EVA MARTHA ECKKRAMMER en trace l'histoire en mettant en évidence son passage de la sphère privée à la sphère publique, pour en décrire ensuite la re-personnalisation dans un espace public médiatisé, à savoir les blogs de cuisine.

Les quatre articles suivants sont consacrés au discours télévisé ou, en général, journalistique.

ANTJE LOBIN se concentre sur les stratégies discursives des présentateurs à la télévision locale *Léman Bleu Télévision* (Genève). Elle analyse les caractéristiques de ce discours et la manière dont les présentateurs franchissent la frontière entre le privé et le public en partageant des aspects de leur vie privée avec les spectateurs.

L'étude d'ANAMARIA GEBĂILĂ examine l'importance du discours privé en tant que stratégie pragmatique dans les débats électoraux télévisés en France, en Roumanie et en Italie depuis 1988. Pour cela, l'auteure s'appuie sur la théorie de la pertinence (Sperber / Wilson 1986) et montre que les informations personnelles sont utilisées de manière ironique ou comme stratégie d'évasion.

La contribution d'ANGELA SCHROTT et de SANDRA ISSEL-DOMBERT porte sur la *pipolisation* de la politique en France dans le contexte de l'affaire Hollande-Gayet. Se basant sur un corpus journalistique, les chercheuses montrent que les limites entre le privé et le public s'estompent de plus en plus et que la mise en scène en politique suit le modèle littéraire de la comédie.

VERENA WEILAND étudie le discours médiatique sur la surveillance et la sécurité en France afin de révéler les phénomènes linguistiques qui constituent les domaines du privé et du public. Ses considérations partent de l'analyse d'un corpus composé des articles de presse publiés lors de trois événements qui ont eu lieu en 2013 et en 2015.

Les trois derniers articles du volume se consacrent à la dichotomie entre privé et public dans la sphère du numérique. Dans son étude, LIVIA GAUDINO-FALLEGGER suit une approche contrastive en comparant des extraits français et allemands tirés de deux forums Internet pour décrire la restructuration de la conception de l'espace privé à l'époque du numérique.

TANJA PROHL fournit plutôt une analyse d'un blog vidéo sur la plateforme *YouTube* pour le localiser dans le continuum entre le public et le privé ainsi que le discours formel et informel. Elle montre que l'on y trouve notamment des caractéristiques du discours de proximité et décrit *YouTube* comme source d'une langue parlée informelle.

Magali Bigey et Justine Simon se concentrent sur les fonctions des liens hypertextes, à savoir l'usage du signe arobase (@ suivi du nom d'un utilisateur) sur la plateforme *Twitter* (appelée *X* depuis 2023). À partir d'un corpus constitué de tweets datant de 2014, elles examinent les stratégies discursives interactionnelles et montrent comment ce signe permet d'osciller entre l'espace semi-privé et semi-public.

4. Remerciement

La genèse de ce volume a connu des phases et des vicissitudes alternées qui ont considérablement retardé sa publication. Plusieurs personnes ont contribué à sa réalisation. Je tiens à remercier tout particulièrement les évaluateurs externes qui ont relu les textes dans le cadre du double processus d'évaluation anonyme, Renaud Kintz et Konstantin Hein pour la révision linguistique des contributions individuelles, ainsi que mes collaboratrices Mara Papaccio et surtout Sita-Rose Boileau pour le soin et la précision apportés à la vérification et à la mise en forme finale de l'ensemble de l'ouvrage. Enfin, les oratrices qui ont attendu patiemment la publication finale de leurs contributions.

Références

Bereni, Laure / Revillard, Anne (2009) : La dichotomie « public-privé » à l'épreuve des critiques féministes : de la théorie à l'action publique. Dans : Müller, Pierre / Sénac-Slawinski, Réjane (éds.) : *Genre et action politique : la frontière public-privé en questions.* Paris : L'Harmattan, 27–55.

Einspänner-Pflock, Jessica (2017) : *Privatheit im Netz. Konstruktions- und Gestaltungsstrategien von Online-Privatheit bei Jugendlichen.* Wiesbaden: Springer.

GRob : *Le Grand Robert de la langue française*, édition numérique mise à disposition aux utilisateurs de l'université MLU Halle-Wittenberg.

Konert, Bertram / Hermanns, Dirk (2002) : Der private Mensch in der netzwelt. Dans : Weiß / Groebel (éds.), 415–505.

Levy, Edmond (2001) : Privé et public dans la Grèce antique. Dans : *Villes en parallèle* 32–34, 19–22.

PRob 2023 : *Le Petit Rober de la langue française 2023*, édition numérique mise à disposition aux utilisateurs de l'université MLU Halle-Wittenberg.

Rochelandet, Fabrice (2010) : Définition : vie privée et données personnelles. Dans : Id. (éd.) : *Économie des données personnelles et de la vie privée*. Paris : La Découverte, 6–10.

Schikorsky, Isa (1990): *Private Schriftlichkeit im 19. Jahrhundert. Untersuchungen zur Geschichte des alltäglichen Sprachverhaltens „kleiner Leute".* Tübingen: Niemeyer.

Sperber, Dan / Wilson, Deirdre (1986): *Relevance: Communication and Cognition.* Oxford: Blackwell.

Van Damme, Stéphane (2022) : Farewell Habermas ? Deux décennies d'études sur l'espace public. Dans : *Les dossiers du Grihl. Essais du Grihl.* Hors-série 1/22, en ligne. DOI : doi.org/10.4000/dossiersgrihl.682.

Weiß, Ralph (2002) : Vom gewandelten Sinn für das Private. Dans : Weiß, Ralph / Groebel, Jo (éds), 27–87.

Weiß, Ralph / Groebel, Jo (éds.) (2002) : *Privatheit im öffentlichen Raum. Medienhandel zwischen Individualisierung und Entgrenzung.* Wiesbaden : Springer.

Winterling, Aloys (2005) : "Öffentlich" und „privat" im kaiserzeitlichen Rom. Dans : Schmitt, Tassilo / Schmitz, Winfried /Winterling, Aloys (éds.) : *Gegenwärtige Antike – antike gegenwart.* München : Oldenbourg Wissenschaftsverlag, 223–244.

Winterling, Aloys (2010) : Rom. Dans : Wirbelauer, Eckhard (éd.) : *Antike.* München : Oldenbourg Wissenschaftsverlag, 162–180.

Sources Internet

Bothorel, Marion (2017) : Macron, quand le people devient politique. Dans : *Maze.* URL : https://maze.fr/2017/03/macron-people-devient-politique/ (06/11/2023).

Braudo, Serge : *Dictionnaire du droit privé* (en partenariat avec Baumann Avocats – Droit informatique). URL : https://www.dictionnaire-juridique.com/serge-braudo.php (23/10/2023).

Code civil, à consulter sur le site Légifrance. URL : https://www.legifrance.gouv.fr/codes/texte_lc/LEGITEXT000006070721?etatTexte=VIGUEUR (22/10/2023).

Convention européenne des droits de l'homme : *Convention de sauvegarde des droits de l'homme et des libertés fondamentales*, ARTICLE 8, à consulter sur le site European Court of Human Rights. URL : https://www.echr.coe.int/documents/d/echr/convention_FRA (23/10/2023).

Décision n° 99–416 du Conseil constitutionnel : *Loi portant création d'une couverture maladie universelle*, 23 juillet 1999, à consulter sur le site Conseil

constitutionnel.   URL   :   https://www.conseil-constitutionnel.fr/decis
ion/1999/99416DC.htm (23/10/2023).

France.tv (2016): *Notre histoire est politique – Emmanuel Macron, la stratégie du
météore* (Pierre Hurel). URL : https://www.france.tv/documentaires/politi
que/17589-notre-histoire-est-politique-emmanuel-macron-la-strategie-du-
meteore.html (06/11/2023).

Mercier, Daniel (2015) : Sphère privée, sphère publique : brouillage des repères ?.
Dans : *Cafe Philosophia*. URL : https://www.cafephilosophia.fr/sujets/sph
ère-publique%2C-sphère-privee-%3A-brouillage-des-repères-/ (23/10/2023).

TLFi : *Trésor de la Langue Française informatisé*, ATILF – CNRS & Université
de Lorraine. URL : http://www.atilf.fr/tlfi (22/10/2023).

Eva Martha Eckkrammer

Onsefaitunebouffe et la recette culinaire : de la sphère privée au public et du public au public personnalisé

Abstract : La cuisine est actuellement en vogue, comme en témoignent d'innombrables textes techniques et de langue commune dans les journaux et magazines, à la radio, à la télévision et sur Internet. La recette, un genre textuel ancré dans l'antiquité, est reprise sous les formes les plus diverses et utilisée et diffusée au sein des super genres médiatisés tels que les blogs alimentaires. Dans cet article, nous examinons d'abord l'histoire du genre textuel et la question de savoir comment le genre passe concrètement de l'espace privé à l'espace public et subit ensuite une repersonnalisation dans le contexte public, par exemple dans les nombreux blogs de cuisine. La contribution est théoriquement ancrée dans la linguistique textuelle, la linguistique des médias et la linguistique comparée et vise à retracer l'évolution correspondante, qui rend nécessaire la personnalisation dans un espace public médiatisé, sur la base d'un examen du développement diachronique de la recette et du corps des blogs de cuisine, au centre (*nucleus*) duquel la recette est toujours en place.

Keywords: recette culinaire, évolution générique, blog de cuisine, super genre médiatisé, repersonnalisation

1. Introduction

La cuisine est en vogue : les ouvrages et magazines spécialisés, les émissions télévisées, les concours, ateliers et séminaires et les sites web et blogues culinaires envahissent notre vie quotidienne. « Le discours sur la nourriture se déplace donc du domaine de la vie privée au domaine public », constate Papadopoupou (2016, 1) dans sa contribution sur la typologie de « la recette » grecque, un travail dont les résultats pourraient porter sur n'importe quelle autre langue européenne. La diversification du genre « recette de cuisine », qui nous assistait traditionnellement dans l'espace privé pendant la préparation des repas ou bien servait d'inspiration en cuisine, est évidente. Pourtant, au sein de la question du développement générique en longue durée, le sujet semble beaucoup plus complexe qu'un simple passage du privé au public. C'est pourquoi il vaut la peine, d'abord, de se plonger plus profondément dans l'histoire de la recette culinaire et d'observer quels types de passages entre le privé et le public s'effectuent, bien en tenant compte des modalités et des médias en jeu. Grâce au virtuel et à ses formes de communication interactive facile, l'on voit une multiplication des genres centrés sur la recette (site, forum, blogue, chat) qui nous force à repenser les cadres théoriques appliqués pour l'analyse textuelle. Par cette voie, il est indispensable d'observer comment les structures du genre de la recette traditionnelle sont remises en cause par les changements média-tiques en temps anciens et modernes, c'est-à-dire sous les formes manuscrite, imprimée ou hypertextuelle électronique dans la première (web 1.0) et seconde étape (web 2.0) de l'Internet. En effet, il est manifeste que déjà dans les recueils de recettes en ligne de la première heure, les « internautes » se permettent des innovations textuelles et introduisent un certain retour à la sphère privée en personnalisant leurs expériences de préparation, leurs goûts, leurs opinions et leurs modifications de recettes (cf. Eckkrammer / Eder 2000, 225–264). Dans un second stade de développement des réseaux sociaux, la recette s'introduit de plus en plus dans les formes de communication multimodales et interactives de la communication hypertextuelle qui se mêlent constamment.

Par conséquent, cette contribution, ancrée théoriquement dans la linguis-tique textuelle, médiatique et comparée, vise à décrire, à partir d'une chronique approfondie du développement générique de la recette culinaire et d'un corpus de blogues de cuisine, les modifications textuelles introduites dans le « nucleus » du genre de la recette même, pour se pencher successivement sur la « périphé-rie » du genre dans les blogues culinaires en ligne (commentaires, sugges-tions, modifications, information nutritive, etc.). De cette manière, nous nous proposons d'avancer au niveau théorique (modèle de « nucleus-périphérie ») autant qu'au niveau de l'analyse du processus verbal de la personnalisation croissante qui rend la sphère privée – comme celle de l'alimentation – publique et contribue au « paradoxe de la vie privée ».

2. De la genèse de la recette écrite à l'ère virtuelle

Les débuts du genre textuel de la recette culinaire (et médicale) s'enracinent dans le privé : il s'agissait d'un savoir spécifique transmis à l'oral d'une généra-tion à l'autre. Dès l'Antiquité, l'on observe une dualité : d'une part, les spécia-listes du domaine gastronomique qui ont la cuisine comme profession et passent leur temps à préparer, varier et inventer des plats à donner à manger à d'autres personnes. D'autre part, il faut évoquer la pratique culturelle de la cuisine quo-tidienne pour se nourrir en famille, un domaine qui était, pendant des siècles, une occupation traditionnelle de la femme. Les procédés de préparation de la nourriture faisaient, par conséquent, partie du recueil oral des deux groupes et d'un savoir qui se diffusait en cuisinant ensemble. Ainsi, il faut constater que la genèse de la recette écrite est fortement liée au domaine des spécialistes et son évolution reste longtemps restreinte à un public assez réduit de connaisseurs, notamment grâce aux capacités pratiques et de lecture.

La tradition de la recette écrite remonte à Marcus Gaius Apicius, un homme riche et rayonnant de l'époque de Tiberius (1er siècle après J.-C.) qui se suicide après avoir perdu sa fortune par crainte de mourir affamé. Il figure comme l'auteur de la collection la plus complète de recettes de l'époque romaine, même si l'on est conscient de plusieurs réécritures incomplètes par d'autres personnes. Ses dix livres intitulés *De re coquinaria libri decem* portent des noms grecs, mais ils sont écrits en latin sans donner des quantités précises pour les divers ingrédients. La seule copie du texte, effectuée probablement par un médecin, vu le grand nombre de recommandations diététiques, date du IVème siècle. Mais il est fort évident que cette œuvre de littérature culinaire s'utilise pendant des siècles et sert de modèle à beaucoup de livres dans ce domaine (cf. Wiswe 1970, 41 s ; Biasci 1991, 30).

Pour la recette médiévale, qui est à l'origine du genre moderne, c'est une demande sociale émergente qui fait transposer le mode de préparation des plats favoris d'une famille aristocratique de l'oral à l'écrit : on vise à garder le savoir culinaire particulier dans le cas de l'absence ou de la mort du cuisiner ou de la cuisinière (cf. Lambert 1987 ; 1992). Le processus de la production du texte est souvent partagé entre deux personnes : « Der Schreiber eines Kochbuchs war keineswegs stets zugleich der Verfasser » (Wiswe 1970, 13). Normalement, un cuisinier professionnel dicte les recettes au scribe, qui dispose maintes fois de très peu de connaissances gastronomiques (cf. ibid., 14). La terminologie autant que la structure morphosyntaxique ont leur origine dans la recette médicale, un genre extrêmement répandu au Moyen Âge (cf. Eckkrammer 2016, 394 s).[1] Issus du domaine privé, les livres de cuisine se popularisent de plus en plus au Moyen Âge et deviennent, sous les nouvelles conditions de la typographie, non seulement un genre imprimé et public, mais également un genre extrêmement populaire (cf. Bitsch *et al.* 1990). Au XVIème siècle, les auteurs des recettes deviennent de plus en plus apparents et ce sont eux qui écrivent les textes, maintes fois à partir de leurs collections de feuilles des recettes manuscrites. Parfois, les recueils

---

1   Pour le contexte germanophone, où les recettes de médicine remontent au VIIIème siècle (*Basler Rezepte*, cf. Bonsen / Glees 2000, 22), cette ligne est évidente, mais elle est également cohérente pour les recettes françaises, car les modèles pour la mise en écriture sont, sans doute, les recettes médicales en latin qui circulent partout en Europe sous forme de recueil ou comme chapitres intégraux des genres populaires comme les *regimina sanitatis* ou les traités de peste (cf. Eckkrammer 2016, 496).

proviennent de médecins et, plus tard, de femmes de l'aristocratie (voir les livres de cuisine de Philippine et Sabina Welserin en langue allemande, table 1).

Les recettes culinaires pénètrent beaucoup de genres populaires comme les almanachs ou les livres de bien-être à usage domestique. Les structures du texte sont bien enracinées dans la recette de l'Antiquité et du Moyen Âge et ne changent que graduellement au fil du temps (cf. l'étude comparative de Hödl 1999). Ce genre se caractérise par une stabilité et un conventionnalisme énormes. Les auteurs sont, pour la plupart, des spécialistes anonymes qui montrent, à travers leurs dédicaces, une forte dévotion au métier et à la famille à laquelle ils rendent service. Dans beaucoup de cas, les recettes font partie des vastes compilations d'écrits à caractère pratique (*compendia*).

Quant à la recette culinaire française, le premier livre de cuisine conservé, intitulé *Enseignemenz qui enseignent à appareiller toutes manières de viande*, a vu le jour autour de 1300. Le titre renvoie au fait que le mot *viande* conserve à l'époque sa sémantique latine, signifie donc « toute sorte d'aliments ». Pour la seconde moitié du XIVème siècle, il faut mentionner le *Grand cuisinier de toute cuisine* (cf. Biasci 1991, 75 s). Nonobstant, deux œuvres impactent, plus que toutes les autres, la vie culinaire française de l'époque : chronologiquement en tête le *Viandier*, souvent attribué au cuisinier de Charles V Guillaume Tirel, nommé Taillevent dans le titre de l'œuvre (Pichon / Vicaire 1967) :

> Cy après sensuyt le viandier pour appareiller toutes manières de viande que Taillevent queux du roy notre sire fist tant pour apareiller bouilly, rousty, poissons de mer et d'eau doulce, saulces espices et autres choses à ce convenables et nécessaires comme cy après sera dit.

Deuxièmement, mentionnons le fameux *Ménagier de Paris*, composé vers 1393 (cf. Pichon 1982). Il s'agit d'un traité de morale et d'économie domestique en forme de compendium (rappelons que le domaine domestique signifie à l'époque la sphère privée). La quantité de thèmes abordés dans le livre peut être considérée comme typique pour l'époque. L'auteur, un bourgeois parisien, propage des préceptes moraux, donne un certain nombre de faits historiques, partage des instructions sur l'art de diriger une maison tout en fournissant des renseignements sur la consommation de la famille royale. Il ajoute également des conseils sur le jardinage et sur le choix des chevaux et – ce qui compte le plus pour nous – inclut un traité de cuisine fort étendu pour sa femme de 15 ans, et un petit traité sur la chasse à l'épervier. Le *Menagier* se popularise et surtout la partie culinaire de 380 recettes voit des fréquentes reprises. Dans la réédition chez Carpelet à Paris en 1846, on trouve toujours la dédicace à la jeune femme « Belle sœur, sachiez… » au début de la séquence des recettes et, ce qui étonne, des séquences textuelles qui font penser aux « commentaires » dans les textes virtuels de l'actualité. L'exemple suivant inclut, en plus, un fort élément interculturel, car la note explique que les Allemands préfèrent d'habitude leurs carpes beaucoup plus cuites que les Français :

> Nota que les Alemans dient des François qu'ils se mettent en grant péril de mengier leurs carpes si pou cuites. Et a-l'en veut que se François et Alemans ont un queux François qui leur cuis carpes, icelles carpes cuites à la guise de France, les Alemans prendront leur part et la feront recuire plus assez que devant, et les François non. (Ménagier, éd. 1846, 189 s)

Le *Ménagier* recourt partiellement au *Vivandier* comme ressource et généralement, il faut remarquer qu'on se sert librement de diverses sources culinaires en composant de « nouveaux » livres de cuisine. Pourtant, c'est grâce au succès énorme du *Vivandier* et du *Ménagier* – qui dominent le marché pendant des siècles – que d'autres livres comme le *Recueil de Riom* tombent dans l'oubli (cf. Lambert 1987, 8).

En Allemagne, l'histoire des livres de cuisine se déroule de manière plutôt parallèle, débutant au milieu du XIVème siècle avec le livre de bons mets, *Buch von guter Speise*, qui date de la période entre 1345 et 1354. C'est un recueil de 101 recettes qui figure dans le manuel d'économie domestique de Leon de Würzburg en deux parties qui se distinguent substantiellement quant au style et au lexique (cf. Wiswe 1970, 14 ; Ballard 1992, 95). Mais la collection de recettes la plus répandue et probablement le premier livre de cuisine imprimé en allemand est la fameuse *Küchenmeisterei* du 1485, un ensemble achevé de toutes les traditions culinaires germaniques recueillies jusqu'à cette date (cf. Hödl 1999, 51).

Le caractère « assemblé » du livre de recettes, qui abandonne les vastes collections de traités à l'époque moderne et fait son apparence comme publication individuelle, continue stable. Cependant, en parallèle à la marche triomphale de la typographie qui caractérise les deux siècles qui suivent, les critères d'assemblage et de segmentation des collections, par exemple selon la suite des plats ou bien le type d'ingrédients (hors-d'œuvre, salades, viandes, poissons, soupes, desserts, etc.), se renouvellent avec le temps.[2] Mais le public ciblé des publications demeure, jusqu'à la seconde moitié du XIXème siècle, ancré dans le milieu des professionnels de la gastronomie. C'est avec la scolarisation qui commence à atteindre la masse en France après 1881, et la disparition continue du personnel

---

2 L'ordre alphabétique acquiert de plus en plus d'importance dans la structuration des livres. Wiswe (1970) réfléchit sur la structuration arbitraire ou peu élaborée des premiers manuscrits et mentionne un *Libro di cuzina del seculo XIV* arrangé alphabétiquement selon la première lettre de la recette (Wiswe 1970, 20).

professionnel des maisons des classes moyennes (cf. Lakoff 2006, 157), que la recette se popularise comme genre et se concrétise au niveau textuel : on ajoute par exemple des informations plus précises sur les produits et les quantités. La préparation des aliments devient une affaire quotidienne dans presque toutes les familles, c'est-à-dire que les destinataires du genre changent.[3]

> We can understand the revolution, for such it was, as a response by writers of cookbooks to a changing readership: people whose primary identity was not as professional ‹ cooks › and who therefore could not be presumed to be coming into the kitchen with a lot of prior knowledge. Rather than a partnership of peers sharing a profession and the arcane knowledge that is part of it – writer and reader of the twentieth-century cookbook had a nonegalitarian and nonintimate relationship. The writer typically was a professional; the reader, an amateur. (Lakoff 2006, 158)

Dans beaucoup de cas, ce sont les cuisiniers (et plus tard les cuisinières) les plus réputés qui publient des livres de cuisine, par exemple Paul Bocuse (1976 ; 1982 ; 2011), Alain Ducasse (2001), Eckart Witzigmann (1987 ; 2007 ; avec Plachutta 2009), Ewald Plachutta (avec Wagner 1993 ; 2007) pour n'en nommer qu'un nombre très réduit et les plus illustres, qui donnent des conseils accessibles quant aux produits et à la préparation.

En même temps, nous observons que la multimodalité de la recette est renforcée grâce aux nouvelles possibilités de l'imprimerie et de la photographie. Après 1950, la recette évolue à grands pas en direction d'une sémiotique textuelle à chaque fois plus complexe. Le visuel illustratif – en général une photo du plat prêt à servir – se diversifie, remplaçant de plus en plus, dans diverses branches génériques de la recette, le verbal. Les relations intersémiotiques étant étroites, les images et les textes verbaux ne peuvent plus être séparés sans contrecarrer la fonction du texte. Ainsi, nous remarquons un développement qui correspond au fait que le genre adapte son système sémiotique pour participer au changement social en cours, mais renforce également la stabilité nécessaire pour réduire la complexité dans la communication quotidienne.

Nonobstant, à la fin du XXème siècle, la structure assez stable de la recette culinaire imprimée dans les livres de cuisine ou magazines culinaires ne renferme en matière d'éléments obligatoires que le titre et les directives de préparation. Une liste d'ingrédients mentionnant les produits nécessaires avec les quantités précises s'ajoute dans plus de la moitié des recettes. Ces listes représentent, sans doute, un élément moderne du genre qui est motivé par une segmentation sociale croissante des familles. Comme éléments facultatifs, nous apercevons

---

3   Lakoff (2006) mentionne comme premier livre qui exerce cette fonction aux États-Unis le *Boston Cooking School Cook Book* de Fanny Merritt Farmer (1896).

parfois un sous-titre, qui ajoute dans un grand nombre de recettes des informations sur les calories et sur le nombre de personnes, une photo du plat préparé et des suggestions d'accompagnements (boissons, vins) ou des variations possibles. Beaucoup plus rarement, l'on y trouve aussi des informations sur l'auteur de la recette, sur l'histoire du plat ou des ingrédients, sur le temps nécessaire pour la préparation ou bien des suggestions pour présenter le plat à table (cf. les résultats de l'étude comparée d'Eckkrammer / Eder 2000, 225 ss quant à la recette imprimée allemande, anglaise, française et italienne).

En somme, nous observons un processus de passage, dans un premier temps, de l'oral privé à l'écrit manuscrit, dans une seconde phase, de l'écrit manuscrit de diffusion réduite à l'écrit imprimé constamment de diffusion plus publique et généralisée.[4] Dans les dernières deux décennies du XXème siècle, nous notons, impulsées par les réseaux numériques, une hypertextualisation du genre et la transmission digitale, qui subit des modifications dans les réseaux sociaux. Ce qui étonne dans la première phase de la recette numérique est la présence assez réduite d'images et la fonction quasi exclusivement illustrative du visuel (Eckkrammer / Eder 2000, 229 s). D'autre part, il s'annonce une personnification croissante du genre dans l'espace virtuel qui va de pair avec une approche à l'oralité conceptuelle (Koch / Österreicher 1985 ; Dürscheid 1999).

Quant à la recette française, comparée avec les autres langues, la liste d'ingrédients devient obligatoire, les indications de calories ne figurent que dans 10 % des recettes imprimées et disparaissent dans l'espace virtuel. Les éléments phatiques se montrent constants en fréquence, pourtant ils s'intègrent davantage dans les hypertextes dans les indications de préparation et augmentent en ironie et en humour. Le texte démontre un degré croissant d'informalité en appliquant une textualité plus proche de l'oralité, donc de la langue du courrier électronique, et s'ouvre progressivement à l'interactivité (formules de politesse, salutations, émoticônes, commentaires individuels, invitations à entrer en contact direct, etc., cf. Eckkrammer / Eder 2000, 246). Citons, de manière exemplaire, la séquence finale d'une recette typique (déjà au niveau du titre « Le Crumble aux pommes : Mortel... ») pour cette première étape virtuelle : « Si après dégustation, vous êtes encore ‹ en état ›, envoyez-moi un petit E-mail, pour me dire ce que vous en avez pensé » (cf. ibid., 247).

---

4   Sur ce point, il est indispensable de constater que la recette manuscrite démontre une continuité énorme en parallèle à l'imprimée, car elle passe – une fois accomplie une « littéralisation » généralisée – à un processus régulier dans les foyers (cf. les études de Papadopoulou de 2016 et Glaser de 1996 qui incluent des recettes manuscrites privées).

En résumé, l'hypertextualisation croissante entre 1990 et 2000 entraine une contextualisation de la recette surtout sur des sites thématiques de cuisine et de collections de recettes, sur lesquels la recette défend son statut de « nucleus », comme élément central et indispensable, c'est-à-dire que la recette reste obligatoirement au cœur des genres hypertextuels en émergence. Quant à l'expression de la directivité, l'on ne note pas de changements révolutionnaires. La recette hypertextualisée de la première heure bouge, si nous qualifions le mélange fréquent d'impératif et d'infinitif d'insécurité linguistique, dans les limites des conventions décrites pour le XXème siècle (cf. la comparaison de Hödl 1999), en personnalisant bien dans la « périphérie » du genre. En fait s'ajoutent des premiers éléments « privés » surtout au début ou à la fin de la recette (p. ex. dans le titre, « personnellement je sers ce plat… », « quand je mange en famille je préfère… ») et on note une certaine ouverture à l'interactivité.

La seconde étape sera celle de l'ouverture plus féroce à l'interactivité dans des nouvelles formes de communication en ligne comme le chat, le forum, le blogue, etc. que nous aborderons en détail à base d'un corpus de blogues de cuisine. Pourtant, avant d'avancer vers les modifications interactives du genre motivées par les réseaux sociaux, il faut conclure notre parcours historique par une vue d'ensemble des changements observés jusqu'à ce point :

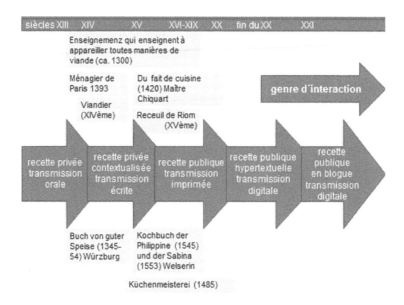

Table 1 : Développement de la recette au cours des siècles

3. La personnalisation dans les blogues culinaires

« Bonjour à tous. Après un petit moment d'absence me revoilà enfin avec une nouvelle recette. Celle d'un pain perdu moelleux au rhum et raisins. Je vous laisse découvrir… » (http://friandise-sweet.blogspot.de/). Qui n'aura pas envie de se mettre à cuisiner tout de suite ? La proximité discursive assez élaborée qui fait semblant de relier des personnes dans la vie privée apparait comme forme typique pour la deuxième étape de l'ère numérique que nous allons aborder ensuite.

Pour observer la réplication et la variation du genre de la recette culinaire dans l'espace virtuel jusqu'au moment de permettre la genèse de genres nouveaux, il faut, en fait, aller au-delà de l'étude des recueils de recettes en ligne des dernières deux décennies du XXème siècle, et examiner des blogues culinaires qui sont devenus une forme d'interaction virtuelle autour de la cuisine et de la nourriture extrêmement répandue. Le blogue culinaire ou blogue de cuisine (en allemand *Kochblog*, en anglais *food blog*) est fondé sur la forme de communication du blogue (*Kommunikationsform* cf. Dürscheid 2005). Par conséquent, il faut formellement distinguer entre un *genre* comme mode d'action communicative (récurrente) à discriminer selon la fonction concrète (par exemple recette culinaire, CV, lettre à l'éditeur, annonce immobilière, etc.) et une *forme de communication* mise à disposition comme cadre formel solidement déterminé par la situation médiatique (aux niveaux technique, institutionnel et sémiotique, cf. Grimm / Krah 2014). Évidemment, il est indispensable d'aller plus loin que Herring (2004), qui considère le blogue comme un genre écrit, asynchrone, appartenant à la communication médiatisée par ordinateur.[5]

Si nous prenons comme point de départ le fait que la forme de communication du blogue suppose un blogueur ou une blogueuse comme autorité d'origine et un logiciel qui met à disposition l'outil pour remplir le blogue de contenus et pour interagir avec les utilisateurs du blogue de forme asynchrone, les possibilités et restrictions du genre 'blogue de cuisine' sont évidentes. Les différences entre les langues au niveau macro-structurel s'effacent, mais dans la microstructure des recettes, qui forment le nucleus du blogue de cuisine, les

---

5   Herring *et al.* (2004) – pour mettre en évidence le générique – se réfèrent surtout aux éléments multimodaux et interactifs du texte. Sa notion de blogue est reprise jusqu'à nos jours dans les études anglophones qui continuent à ne pas distinguer entre forme de communication et genre (par exemple Diemer *et al.* 2014, 13), mais elle montre avec clarté que le blogue sert de pont entre la communication en ligne comme le courrier électronique et les sites web traditionnels.

divergences culturelles, par exemple en matière d'instruction, persistent. Dans la description structurelle, nous pouvons, en fait, adhérer facilement à ce que Diemer *et al.* (2014) expriment quant au blogue de cuisine anglais sur la base d'un corpus :

> A typical food blog [...] is organized in a vertical format, with the name of the blog, often as part of a title image or banner, displayed at the top of the page [...]. A central window often contains the blogger's food-related text, which may be combined with pictures or hyperlinks. The recipes are usually displayed below that. At the bottom of the page we often find tags (indexical items which facilitate the search for particular recipes) and comments by the readers. (Diemer *et al.* 2014, 13)

Dans les blogues français, par contre, la recette publiée plus récemment figure dans la position centrale sous le titre-image du blogue. L'interactivité se joue surtout dans la fonction des commentaires, c'est-à-dire dans une section ouverte dans laquelle les utilisateurs peuvent commenter le texte et surtout les diverses recettes. Les commentaires publiés plus récemment apparaissent en haut et le blogueur ou la blogueuse réagit, parfois, aux commentaires ou reprend un commentaire dans le texte principal. Pour cela, le blogue acquiert le caractère d'une interaction asynchrone entre blogueur / blogueuse et utilisateur / utilisatrice. Baumgärtner (2011), qui est également la blogueuse d'un blogue culinaire choisi pour nos observations (DFE01 en bas), conclut dans son analyse de 500 commentaires de blogues culinaires français que les interactions des commentaires couvrent une vaste gamme fonctionnelle : les lecteurs et lectrices remercient (*Merci pour cette recette*), présentent des instructions directes et indirectes (*Effectivement bien laisser au frigidaire...*, *j'ai remplacé le chocolat...*), ou bien des suggestions (*très bon chaud*), ils racontent leurs expériences (*j'ai décidé de me lancer dans l'aventure...*), vantent les recettes ou le blogue (*facile, rapide, super bon*) et contribuent à la construction de la communauté (*allez, j'ajoute mon vote au chœur des voix extatiques* ; Baumgärtner 2011, 36 s). Quant aux dominances quantitatives, Baumgärtner (2011, 37 s) relève que les récits personnels (30,8 %) et les éloges (25,4 %) sont en tête dans les commentaires de son corpus. Le reste du site hypertextuel est rempli de photos, d'annonces (liées ou non à l'alimentation), de textes archivés, d'hyperliens qui mènent à d'autres sites culinaires ou à des producteurs. Parfois, on y trouve aussi des séquences vidéo.

En 2018, le classement des blogues de cuisine atteint le nombre de 2242 blogues en langue française (recettes.de), tandis que le site de référence allemand (germanfoodblogs.de) n'en mentionne qu'environ 543. La plupart des blogues sont unilingues et abordent toute une culture autour du culinaire, plus rarement on y trouve des sites plurilingues qui font partiellement confiance à la traduction automatique.[6] Ceci entraine des textes parfois peu fiables ou même pas lisibles. L'existence d'un certain nombre de méta-sites qui classent et critiquent les blogues culinaires (i.e. *food blog awards*) met en évidence que le blogue culinaire est un genre très bien accepté et, sans aucun doute, étroitement interconnecté à d'autres formes de communication en ligne (Facebook, Twitter,[7] Instagram, Pinterest, etc.). Les auteurs des sites manifestent une forte présence personnelle et donnent, en général dans une séquence d'introduction fréquemment accessible par un lien appelé « Accueil », des informations sur leur motivation. Quant aux quatre blogues de cuisine en langue française, trois unilingues et un blogue trilingue, sélectionnés pour ce tour d'horizon, les blogueurs et blogueuses se présentent de manière assez différente. Dans un cas (F0002), la blogueuse fait précéder la recette publiée par ce paragraphe personnel (adapté à l'occasion d'une nouvelle publication). Les instructions culinaires sont dotées d'une longue introduction dont nous ne reproduisons qu'un extrait qui nous sert à observer les conséquences de la nouvelle forme (interactive) de communication (digitale).

Cuisiner… tout simplement (http://cuisinertoutsimplement.com/F0001)

> A propos de moi – *photo* : Blogueuse depuis 2006, Bordelaise depuis 2011, curieuse et gourmande, j'aime partager ma cuisine avec vous et vous montrer qu'il est possible de faire de bons petits plats avec pas grand-chose et pas forcément beaucoup de temps. Voir le profil de Nathalie B sur le portail Overblog On reste en contact ? Facebook Twitter Instagram Pinterest RSS

La Raffinerie Culinaire (http://laraffinerieculinaire.com/F0002)

> Bon je sais ça fait un petit moment que je n'ai pas publié sur le blog ! Après avoir enfin trouvé mon rythme entre mon job de salariée et celui que j'ai en free-lance, Monsieur Futur bébé à [sic !] décidé de faire son entrée dans notre vie à Monsieur La Raffinerie et moi-même… Autant vous dire que ça ne chamboule pas mal de choses, et puis ça pompe toute ton énergie cette petite bête ! Du coup mon envie de cuisiner s'est pas mal estomper dernièrement, et cette chaleur qui a fait surface dernièrement n'arrange rien ! Alors je vous rassure (enfin, vous n'en avez certainement pas grand-chose à faire), je ne cuisine plus des masses depuis quelques mois, mais qu'est-ce que je mange (et bim, paye ta grossesse à +20 kilos !). Et si je ne pouvais manger que du salé, je le ferai, bon d'accord, avec une pointe de sucré quand même ! […]

On s'fait une bouffe (https://onsfaitunebouffe.wordpress.com/F0003)

> À propos : Je m'appelle Clémence, j'ai 25 ans. Ce blog va parler principalement de recettes de cuisine, mais parfois, de mes sorties au restaurant. J'espère que vous

---

6   Castellani (2014) démontre le défi qui réside dans la traduction de recettes.
7   Cette plateforme s'appelle *X* depuis 2023.

apprécierez mon blog et surtout n'hésitez pas à y laisser des commentaires. N'hésitez pas à aimer ma page Facebook du blog, Hellocoton ou Twitter.

Theresas Küche (http://www.theresaskueche.de/DFE01)

Bienvenue sur ma page! La porte de mon propre monde culinaire personnel est ouvert [sic !] et le journal de Voyage toujours lancé. Il raconte la recherche du goût authentique des lieux où j'ai pu trouver et [sic !] les gens derrière eux. Dans les vergers des grands-parents, j'ai trouvé toute la saveur de l'été Baden [sic !] [...] Avoir [sic !] du plaisir de navigation [sic !], source d'inspiration et profitez de souhaits que vous [sic !], votre Theresa

Si les blogues de Natalie (F0001) et Clémence (F0003) suivent étroitement les conventions du blogue de cuisine, les deux autres utilisent des stratégies particulières pour une mise en scène plus élaborée du privé. Dans le cas de Raffinerie culinaire (F0002), la blogueuse introduit la recette par un large récit très personnel qui explique son manque de participation au blogue en raison de la naissance d'un bébé. Elle permet de cette façon aux lecteurs de suivre en quelque sorte sa vie et de stabiliser de cette manière sa communauté de blogue. Dans le cas de Theresa (DFE01), il s'agit d'un blogue plurilingue, la langue originale étant l'allemand. Le blogue inclut des éléments particuliers comme un carnet de voyage et des émissions télévisées, car Theresa est également présente comme cuisinière à la télé. La mise en scène de sa personnalité suit une philosophie particulière et démontre un côté privé puisqu'elle partage ses voyages ou bien la naissance de son fils sous le titre « Bienvenue Maxim ! Un morceau du ciel ! » en 2016. La version française paraît en grande partie traduite automatiquement, ce qui ouvre le terrain aux erreurs linguistiques, mais n'empêche pas la lecture.

Tous les blogues utilisent la recette comme composant central du blogue et ajoutent dans quelques cas des composants additionnels personnels ou bien des éléments visuels (photos, vidéos, etc.). Dans quelques recettes de Theresa (DFE01), le processus de préparation est guidé par des photos, ce qui mène à une forme particulière de la recette illustrée en photo qui existe également dans l'imprimerie. L'instruction aussi bien que le résultat de la production culinaire deviennent objets de discussion dans la section de commentaires, et les blogueurs et blogueuses répondent de temps en temps aux récits d'éloge, de succès, de modification ou d'échec des utilisateurs. Par ces observations, l'on explique le fait que les blogues de cuisine n'ont pas fait disparaître les recueils de recettes en ligne, mais les recueils mêmes se sont adaptés aux interactions en ligne (évaluer, commenter, raconter, etc.). Prenons par exemple le site chefkoch.de, dans lequel les commentaires et évaluations des utilisateurs sont devenus des composants constitutifs. De toute façon, les développements observés dans les blogues continuent, ce que nous avons déjà observé dans les sites de recettes des premières deux décennies de l'Internet, par exemple dans un site web privé avec une section de recettes introduite de la façon suivante :

Cette rubrique est particulièrement destinée à tous mes collègues les internautes. Nous avons tous une relation avec la nourriture assez particulière. Pour la plupart d'entre nous, manger et a fortiori faire la cuisine est une perte de temps sur ce que nous consacrons à notre passion. Pourtant comme tout le monde (enfin surtout les français), nous aimons bien les bons petits plats. Pour résoudre ce dilemme, je vous proposerai des recettes tirées de mon expérience, faciles et rapides, expliquées de façon la plus exhaustive possible. (Eckkrammer / Eder 2000, 244)

Dans le discours des blogueurs, cette personnalisation est encore plus forte, l'utilisation de la première personne du singulier et de pronoms personnels paraît obligatoire :

A la maison, mon mari adore les moules […] mais moi, je préfère cette petite préparation […] je vous conseille de les préparer la veille. (F0001)

Mon Dieu que ça fait du bien de ne rien faire de temps en temps ! J'en profite donc pour vous poster une petite recette (jingle « la petite recette du dimanche ! »). J'ai envie de dire « vomis toi-même » ;)). (F0002)

La mise en scène des recettes secoue la distinction entre le privé et le public. La sphère privée, parfois très personnelle, se manifeste dans le cyberespace ouvert au grand public, et subit, en outre, dans quelques blogues de cuisine une commercialisation croissante (annonces, conseils, etc.). Tout de même, le genre de la recette démontre une forte présence pour divers publics dans les blogues de cuisine – connaisseurs de l'art de cuisiner, amateurs ou bien novices. L'indispensabilité de la recette comme élément textuel obligatoire au « nucleus » des genres numériques comme le blogue culinaire ou le recueil de recettes avec un profil de plus en plus multigénérique est aussi manifeste que dans les anciens traités d'économie domestique ou les livres de cuisine imprimés.

4. Conclusion et perspectives

Pour conclure, nous pouvons constater que la recette elle-même reste au cœur du blogue de cuisine, avec certains éléments de personnalisation évoqués déjà à l'aube de l'ère numérique (première phase, cf. § 2) et sans de grands changements au niveau du texte instructif. En même temps, sa « périphérie » acquiert beaucoup d'espace dans les sites virtuels. Pour cela, on pourrait parler d'une multi-fonctionnalisation du genre de la recette ou bien d'un « multi-genre » hypertextuel autour de la cuisine. Les blogues s'ouvrent à l'interactivité et à une multimodalité croissante et visent clairement à la création d'une communauté autour d'une personnalité saillante qui gère le blogue à sa façon. Il est fort probable que les développements futurs entraînent une inter-connectivité encore plus puissante, permettant des « super-genres » hypertextuels qui tourneront autour de la cuisine et d'autres thèmes liés à un style de vie ou bien à une personne. L'ouverture des blogues vers l'interactivité et la multimodalité pourrait amener le genre de la recette, actuellement assez proche de la recette traditionnelle imprimée, à aller plus loin, jusqu'au point de l'émergence de nouveaux sous-genres.

La sémiotique du culinaire, déjà abordée par Enninger (1982), gagne en complexité. Peut-être que le passage au visuel assez extrême, que la recette vit actuellement dans les pins de Pinterest, aura des répercussions sur les recettes personnalisées dans les recueils ou blogues en ligne. Les exemples de pins suivants exemplifient des pistes qui pourraient entamer l'étape suivante dans l'évolution générique.

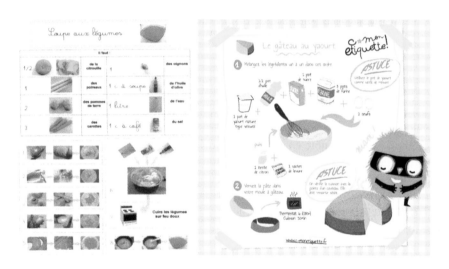

Images 1 et 2 : Exemples du passage au visuel de la recette sur Pinterest[8]

En résumé, il est fort évident que les blogueurs et les blogueuses jouent consciemment avec le privé dans le public du cyberespace, en personnalisant leur communication autour du culinaire. Ils s'exposent comme personnes dans une mise en scène équilibrée au niveau individuel, ce qui évoque un privé « simulé » qui a comme but la création et la stabilisation d'une communauté virtuelle autour du blogue, c'est-à-dire du cercle des utilisateurs. Ceci est

---

8 Image 1 (www.pinterest.de/pin/530650768570864004/), Image 2 (www.pinterest.de/pin/530650768583881128/).

important pour gérer le blogue économiquement, en plaçant des produits et des annonces. La multimodalité croissante (séquences vidéo, photos, etc.) du blogue facilite la mise en scène de l'auteur (au privé), qui se permet des interactions conceptionnellement orales, donc spontanées, chargées d'émotions, de récits et d'expériences personnelles (p. ex. malheurs, accidents, problèmes de santé, grossesse). Ce choix verbal augmente, sans doute, l'identification avec les blogueurs et blogueuses. On crée des liens sociaux et on cultive la communauté, parfois jusqu'à une culture fan. Rien n'est accidentel, la valeur des segments autrefois périphériques du genre devient caractéristique d'une nouvelle interaction dans l'arène publique, que l'on pourrait décrire comme une communication publique personnalisée. Tôt ou tard, le nucleus de la recette va également subir des changements plus profonds (déjà évoqués par Cotter 1997) par la formation de communautés et de genres authentiquement virtuels.

Références

Ballard, Michel (1992) : Epices et condiments dans quelques livres de cuisine allemands (XIVe–XVIe siècles). Dans : Lambert, 235–248.

Baumgärtner, Theresa (2011) : *Zwischen Mündlichkeit und Schriftlichkeit: die Besonderheiten der kulinarischen Sprache in Online-Kommentaren zu französischen Kochrezepten*. Mannheim BA-Arbeit.

Biasci, Claudia (1991) : *Kulturgeschichte der französischen Küche: Das Alte im Neuen*. Bielefeld : Biasci.

Bitsch, Ingeborg / Ehlert, Trude / von Ertzdorff, Xaver (éds.) (^{2}1990) : *Essen und Trinken in Mittelalter und Neuzeit. Vorträge eines interdisziplinären Symposions von 10.-13. Juni 1987 an der Justus-Liebig-Universität Gießen*. Sigmaringen : Thorbecke.

Bocuse, Paul (1976) : *La Cuisine du marché*. Paris : Flammarion.

Bocuse, Paul (1982) : *Bocuse dans votre cuisine*. Paris : Flammarion.

Bocuse, Paul (2011) : *Toute la cuisine de Paul Bocuse*. Paris : Flammarion.

Bonsen, Elmar zur / Glees, Cornelia (éds.) (^{2}2000) : *Geheimwissen des Mittelalters. Verbotenes, Verschollenes, Rätselhaftes*. Augsburg : Bechtermünz / Weltbild.

Brunner, Marie-Louise / Diemer, Stefan / Schmidt, Selina (2014) : « Like, Pasta, Pizza and Stuff » – New Trends in Online Food Discourse. Dans : *Cui-Zine : The Journal of Canadian Food cultures / Revue des cultures culinaires au Canada 5/2*, en ligne. DOI : 10.7202/1026769ar.

Castellani, Cristina (2014) : *Macarons: enjeux traductifs français-italiens d'un livre de recettes*. Dans : *Revue d'Études Françaises 19*, 65–74.

Cotter, Colleen (1997) : Claiming a Piece of the Pie: How the Language of Recipes Defines Community. Dans : Bower, Anne L. (éd.) : *Recipes for Reading: Community Cookbooks, Stories, Histories.* Amherst : University of Massachusetts Press, 51-72.

Diemer, Stefan (2013) : Recipes and food discourse in English – a historical menu. Dans : Gerhardt et al., 139-156.

Diemer, Stefan / Frobenius, Maximiliane (2013) : When making pie, all ingredients must be chilled. Including you: Lexical, syntactic and interactive features in online discourse – a synchronic study of food blogs. Dans : Gerhardt et al., 53-82.

Ducasse, Alain (2001) : *Grand Livre de Cuisine. Encyclopédie Culinaire d'Alain Ducasse.* Issy-les-Moulineaux : Edition Alain Ducasse.

Dürscheid, Christa (1999) : Zwischen Mündlichkeit und Schriftlichkeit: die Kommunikation im Internet. Dans : Fenk-Oczlon, Gertraud / Mayerthaler, Willi (éds.) : *Papiere zur Linguistik.* Tübingen: Gunter Narr Verlag, Nummer 60, Heft 1, 17-30.

Dürscheid, Christa (2005) : Medien, Kommunikationsformen, kommunikative Gattungen. Dans : *Linguistik online* 22/1. URL : http://www.linguistik-online.de/22_05/duerscheid.html (20/06/2016).

Eckkrammer, Eva M. (2016) : *Medizin für den Laien: Vom Pesttraktat zum digitalen Ratgebertext.* 2 Bde. Berlin : Frank & Timme (Forum Fachsprachen Forschung 106-107).

Eckkrammer, Eva M. / Eder, Hildegund M. (2000) : *[Cyber]Diskurs zwischen Konvention und Revolution. Eine multilinguale textlinguistische Analyse von Gebrauchstextsorten im realen und virtuellen Raum.* Frankfurt a.M. : Lang.

Enninger, Werner (1982) : Auf der Suche nach einer Semiotik der Kulinarien. Ein Überblick über zeichenorientierte Studien kulinarischen Handelns. Dans : *Zeitschrift für Semiotik 4*, 4, 319-336.

Gerhardt, Cornelia / Frobenius, Maximiliane / Ley, Susanne (éds.) (2013): *Culinary Linguistics* (Culture and Language Use, 10). Amsterdam : Benjamins.

Glaser, Elvira (1996) : Die textuelle Struktur handschriftlicher und gedruckter Kochrezepte im Wandel. Zur Sprachgeschichte einer Textsorte. Dans : Große, Rudolf / Wellmann, Hans (éds.) : *Textarten im Sprachwandel – nach der Erfindung des Buchdrucks.* Heidelberg : Winter (Sprache – Literatur und Geschichte, 13), 225-249.

Glaser, Elvira (2002) : Textmuster deutschsprachiger Kochrezepte im 19. und 20. Jh, Dans : Vostok-Zapad : *Naučnoje sotrudničestvo po germanskoj filologii. Germanistik und Romanistik: Wissenschaft zwischen Ost und West.*

Materialien der internationalen wissenschaftlichen Konferenz 'West-Ost: Bildung und Wissenschaft an der Schwelle des 21. Jahrhunderts'. Chabarovsk, 109–124.

Grimm, Petra / Krah, Hans (2014) : Ende der Privatheit? Eine Sicht der Medien und Kommunikationswissenschaft. URL : https://www.zbw-mediatalk. eu/wp-content/uploads/2016/08/Ende_ der_Privatheit_Grimm_Krah.pdf (20/09/2016).

Herring, Susan / Scheidt, Lois A. / Bonus, Sabrina / Wright, Elijah (2004) : Bridging the Gap: A Genre Analysis of Weblogs. Dans : *Proceedings of 37ᵗʰ Hawaii International Conference on System Sciences HICSS-37.* Los Alamitos : IEEE Computer Society Press, 1–11.

Hödl, Nicola (1999) : Vertextungskonventionen des Kochrezepts vom Mittelalter bis in die Moderne (D-E-F-S). Dans : Eckkrammer, Eva M. / Hödl, Nicola / Pöckl, Wolfgang (éds.) : *Kontrastive Textologie.* Wien : Präsens, 47–76.

Koch, Peter / Österreicher, Wulf (1985) : Sprache der Nähe – Sprache der Distanz. Mündlichkeit und Schriftlichkeit im Spannungsfeld von Sprachtheorie und Sprachgeschichte. Dans : *Romanistisches Jahrbuch* 36, 15–43.

Lakoff, Robin (2006) : Identity à la carte: you are what you eat. Dans : De Fina, Anna / Schiffrin, Deborah / Bamberg, Michael (éds.) : *Discourse and Identity.* New York : Cambridge University Press, 142–167.

Lambert, Carole (éd.) (1987) : *Le Recueil de Riom et la manière de henter soutillement. Un livre de cuisine et un réceptaire sur les greffes du XIᵉ siècle.* Montréal : Edition Ceres.

Lambert, Carole (éd.) (1992) : *Du manuscrit à la table; Essais sur la cuisine au Moyen Age contenant des recettes culinaires.* Montréal – Paris : Presse de l'Université de Montréal Champion – Slatkine.

Lin, Jing / Mellish, Chris / Reiter, Ehud (2008) : Style Variation in Cooking Recipes. Dans : *Proceedings of the Symposium on Style in text: Creative generation and identification of authorship, vol. 7.* Aberdeen : The Society for the Study of Artificial Intelligence and the Simulation of Behaviour, 14–18.

Mattheier, Klaus J. (1993) : Das Essen und die Sprache. Umrisse einer Linguistik des Essens. Dans : Neumann, Gerhard / Teuteberg, Hans J. / Wierlacher, Alois (éds.) : *Kulturthema Essen. Ansichten und Problemfelder.* Berlin : Akademieverlag, 245–255.

Ménagier de Paris, 1846 (1393), en ligne. URL : http://gallica.bnf.fr/ark:/12148/ bpt6k831118/f384.item.r= menagier+ de+paris.langFR.zoom (Ménagier 1393, Gallica Statut 27/09/2016).

Papadopoulou, Maria (2016) : L'évolution de la typologie de « la recette » au cours d'un siècle en Grèce. Dans : *Cahiers balkaniques*, en ligne, Hors-série | 2016, mis en ligne le 15 mars 2017. DOI : 10.4000/ceb.7186.

Pichon, Jérome (éd.) (³1982) : *Le Ménagier de Paris. Traité de morale et d'économie domestique composé vers 1393 par un bourgeois parisien*. Paris : Slatkine.

Pichon, Jérome / Vicaire, Georges (éds.) (²1967) : *Le Viandier de Guillaume Tirel dit Taillevent*. Genf : Slatkine.

Plachutta, Ewald / Wagner, Christoph (1993) : *Die gute Küche*. Wien : Orac.

Plachutta, Ewald (2007): *Kochschule. Die Bibel der guten Küche*. Wien : Brandstätter.

Willand, Ilka (2002) : *Chatroom statt Marktplatz: Identität und Kommunikation zwischen Öffentlichkeit und Privatheit*. München : Kopäd Verlag.

Wiswe, Hans (1970) : *Kulturgeschichte der Kochkunst. Kochbücher und Rezepte aus zwei Jahrtausenden mit dem lexikalischen Anhang zur Fachsprache von Eva Hepp*. München : Moos.

Witzigmann, Eckart (1987) : *Meine hundert Hausrezepte*. München : Südwest Verlag.

Witzigmann, Eckart (2007): *Witzigmann's Familienkochbuch*. München : Christian Verlag.

Witzigmann, Eckart / Ewald Plachutta (2009) : *Kochschule. Teil 2*. Wien : Brandstätter.

Antje Lobin

« Alors moi, j'ai vécu plusieurs années à Berne… » : stratégies discursives à la télévision locale entre espace public et espace privé

Abstract : Dans le contexte d'une individualisation croissante de la société qui touche aussi les médias, nous pouvons observer que ceux-ci s'adressent souvent à des cibles plus étroites. C'est dans ce cadre que s'insère la création de la télévision locale *Léman Bleu Télévision* à Genève en 1996. L'offre médiatique locale et régionale est caractérisée par une proximité temporelle et spatiale entre les présentateurs, les téléspectateurs et une grande partie des invités qui partagent un espace de vie commun. Dans les entretiens avec leurs invités, à maintes reprises, les présentateurs de *Léman Bleu* quittent l'espace public pour révéler des aspects de leur vie privée. La présente contribution a pour but d'explorer les constellations communicatives dans lesquelles ce « franchissement de la frontière » entre espace public et espace privé a lieu, les fonctions sous-jacentes ainsi que les structures et les formules par voie desquelles ce passage est introduit. L'analyse se fonde sur des données empiriques constituées en corpus (durée de 15:45 heures). À cette fin, les éditions du débat politique *Genève à Chaud* et du talk-show animé *Y a le feu au lac*, qui ont été diffusées entre le 1 février et le 7 mars 2010, ont été transcrites. L'approche est principalement linguistique, même s'il faut certes faire appel à des aspects concernant la théorie et la sociologie des médias qui sous-tendent le phénomène des sphères publique et privée.

Keywords : auto-catégorisation, confidence, discours du moi, individualisation, proximité

1. Introduction

Ces dernières décennies nous constatons une individualisation croissante de la société qui se répercute également sur les médias dans le sens que ceux-ci s'adressent souvent à des cibles plus étroites. C'est dans ce contexte qu'en 1996 est créée la télévision locale *Léman Bleu Télévision* à Genève.[1] Comme mission première la chaîne se fixe l'objectif de s'entretenir avec les habitants de la région,

---

1   Notons que la télévision locale ne constitue pas un média innovateur en tant que tel, sinon une nouvelle variante d'un ancien média. Ce qu'il y a d'innovateur concerne moins les aspects techniques, mais plutôt les possibilités de communication (Burger 1998, 135).

de les informer, de leur donner la parole et de les divertir. Les émissions sont censées refléter la vie genevoise et régionale.[2]

Une spécificité de l'offre médiatique locale et régionale tient au fait de la proximité temporelle et spatiale entre les présentateurs, les téléspectateurs et une grande partie des invités, qui tous partagent un espace de vie commun. En Suisse, au niveau politique et administratif, cet espace de vie commun s'échelonne sur les trois piliers que sont la commune, le canton et la Confédération. Cette structure tripartite est en étroite relation avec le sentiment d'appartenance à une communauté déterminée qui peut s'établir à différents niveaux. Pour ce qui est des Suisses de langue française, Melich a constaté qu'ils se sentent en premier lieu liés à leur commune, ensuite à leur canton et finalement à la Confédération (Melich 1991, 21).

Selon Burger (2007, 243), dans tout entretien médiatique deux cadres d'interaction sont activés en parallèle. Un premier cadre d'entretien à proprement parler est activé entre un intervieweur et son invité. Un deuxième cadre médiatique est activé entre un journaliste et les téléspectateurs. Alors que le premier cadre est caractérisé par une réciprocité de communication, le mode de communication du second est marqué par la non réciprocité. Les téléspectateurs, formant une instance anonyme et collective, ne peuvent pas véritablement réagir au discours journalistique. Dans la plupart des cas, le journaliste du cadre médiatique est aussi l'intervieweur du cadre d'entretien (Burger 2007, 244). Il lui revient la fonction complexe de favoriser la co-construction d'une intimité discursive avec l'invité, tout en tenant compte de la présence (silencieuse) du destinataire médiatique. Cette tâche bilatérale que doit remplir l'interviewer-journaliste peut se manifester plus ou moins clairement dans ses énoncés.

L'observation qui est à la base de cette contribution est que dans les entretiens avec leurs invités, à maintes reprises les présentateurs de deux émissions de la chaîne locale *Léman Bleu* quittent soi-disant l'espace public pour révéler des aspects de leur vie privée. Partant du constat de Mehl (1996, 7), selon lequel le témoignage privé sur la place publique s'introduit dans la plupart des magazines de télévision et n'est pas limité au *reality show*, ceci n'est donc pas bien surprenant. Il paraît toutefois éclairant d'explorer plus en détail les constellations communicatives dans lesquelles a lieu ce franchissement de la frontière entre espace public et espace privé, les fonctions sous-jacentes ainsi que les structures

---

2   www.lemanbleu.ch (août 2010).

et les formules / tournures par voie desquelles ce passage est introduit.[3] Il s'agit en outre de tenter de fournir une précision quant à la fonction qu'occupe la vie privée dans les médias, et notamment à la télévision, que Baudry *et al.* (2002, 11) décrivent comme correspondant à une stratégie communicationnelle qui vise entre autre à jouer de la proximité. À la différence d'autres travaux de recherche, l'accent sera mis ici non pas sur la parole de personnes ordinaires et leur témoignage privé sur la scène publique (la télévision de l'intimité selon Mehl 1996), mais sur les pratiques langagières des présentateurs.

2. Corpus et délimitations conceptuelles

Le corpus qui a été exploité comporte la transcription de l'ensemble des éditions du débat politique *Genève à Chaud* (GàC) et du talk-show animé *Y a le feu au lac* (FaL) qui ont été diffusées entre le 1 février et le 7 mars 2010, date de votations au niveau cantonal et fédéral (Lobin 2015). La durée totale du corpus est de 15:45 heures. En 2010, l'émission *Genève à Chaud* présentée par Pascal Décaillet (PD) avait pour objectif « d'attiser l'effervescence citoyenne en république genevoise ». L'émission *Y a le feu au lac* présentée par Michel Chevrolet (MC), à son tour, se proposait de « traiter toutes les thématiques de la société genevoise ».[4] À la base de plusieurs extraits d'entretiens télévisés, nous démontrerons différentes configurations manifestant une implication subjective des présentateurs. L'approche est principalement linguistique, même s'il faut certes faire appel à des aspects concernant la théorie et la sociologie des médias, qui sous-tendent le phénomène des sphères publique et privée.[5]

La notion d'espace public s'apparente dans notre contexte à la fonction plus ou moins officielle que remplit une personne dans la société. En revanche, l'espace privé est plus complexe à cerner. Une notion qui nous y semble appropriée est celle de la *confidence*, bien que celle-ci ne se délimite pas toujours clairement d'autres notions telles que le témoignage ou l'aveu. Selon Pop (2007, 407) « la confidence appartient à un hyper-genre [...], autocentré, avoisinant le ‹ récit autobiographique › ou le ‹ récit de vie › [...] ». Le *Petit Robert* (2012, 504) définit la confidence comme « communication d'un secret qui concerne soi-même ».

---

3   Selon Grimm / Krah (2015, 5–6), le concept d'intimité est transmis à travers les médias sous différentes formes. Ainsi peuvent-ils par exemple l'instrumentaliser ou la mettre en scène.

4   www.lemanbleu.ch (février 2010).

5   Pour une description approfondie de la société de communication nous renvoyons à Goffman (1973) et Neveu (2001).

De cette définition Kerbrat-Orecchioni / Traverso (2007, 3) extraient les traits distinctifs suivants :

(1) « C'est une séquence de discours *auto-centré*, qui porte sur un état, un fait ou un évènement concernant directement ou indirectement le locuteur. »

(2) « [...] pour qu'on puisse parler de confidence, encore faut-il que ce discours dévoile un *secret*, qu'il révèle au grand jour une information qui devait en principe rester cachée [...]. »

Kerbrat-Orecchioni / Traverso (ibid., 4) ajoutent que ces deux traits constitutifs du sens du mot *confidence* peuvent être plus ou moins dilués. Ainsi, la confidence peut-elle s'affaiblir en *dévoilement de soi*, qui consiste simplement à révéler verbalement quelque chose de soi qui n'est pas nécessairement un secret (Traverso 1996, 194). À la définition de *confidence* nommée ci-dessus, Kerbrat-Orecchioni / Traverso (ibid.) ajoutent des traits secondaires, qu'elles décrivent comme suit :

(3) Le confident « [...] n'est pas censé colporter l'information confiée [...]. S'il le fait, il y a trahison du pacte de confidentialité qui relie implicitement (et parfois explicitement) les deux partenaires de la confidence [...]. »

(4) « [...] Le destinataire de l'énoncé confidentiel ne doit pas en principe être directement concerné par son contenu [...] ».

Selon Pop (2007, 419), la confidence s'insère à plusieurs niveaux de textualisation dans le discours : au niveau minimal, la confidence s'articule dans un seul acte de langage, au niveau intermédiaire, il s'agit de séquences confessives, et le niveau maximal se réfère au texte entier, ce qui n'est pas le cas dans notre contexte. À titre d'illustration, nous présentons la construction discursive de confidentialité telle qu'elle se manifeste au sein du premier cadre médiatique dans un entretien entre le présentateur du talkshow *Y a le feu au lac* Michel Chevrolet et son invité, l'auteur Xavier Casile. L'invité est d'origine Corse, entre-temps il a pourtant acquis la nationalité suisse. De plus, il a épousé une femme suisse. Dans une émission qui a pour sujet le nouveau livre de l'auteur qui est dédié aux marques suisses, l'interviewer commente à l'aide d'une mise en relief le choix de Xavier Casile quant à la nationalité de sa femme et y ajoute le marqueur de confidentialité *entre nous soit dit*.

⟨N° 1⟩
Lundi 1 février 2010
Xavier Casile, auteur du livre *So Sweet Zerland* : XC
MC : *Alors, si tu étais un film suisse, ce serait « Le faiseur de Suisses », parce qu'on va en parler justement, tu as fait partie des gens qui sont passés dans la moulinette des faiseurs de Suisses.*
XC : *Ouai, tout à fait.*

MC : Puisque tu t'es marié avec une Suissesse, ça, c'est un excellent choix, entre nous soit dit.

(FaL-01/02/2010 [4:44])

La confidentialité peut être soumise à des négociations, ce que démontre l'extrait suivant. Dans l'émission *Y a le feu au lac*, Evelyne Lozeron est chargée d'annoncer le programme culturel. Après avoir annoncé le festival musical des Traverses, qui se tiendra le week-end même, elle révèle y avoir été témoin – lors de la dernière édition – d'une performance de dance de Mark Muller, alors homme politique au niveau cantonal. Cette négociation se déroule comme suit : Michel Chevrolet réprimande la présentatrice et lui signale que son comportement (verbal) n'est pas adapté, ce qu'elle n'accepte pas. Il fait alors appel à l'obligation de discrétion, elle, pourtant, insiste sur le fait que le lieu du festival était un lieu public.

⟨N° 2⟩
Vendredi 19 février 2010
Evelyne Lozeron, présentatrice : EL

EL : [...] l'année dernière aux Traverses, il y avait Mark Muller en train de pogoter, juste comme ça, moi, j'y étais, ouai, je vous jure.
[...]
MC : Mais vous avez pas le droit de raconter des choses comme ça !
EL : Oh, c'est un lieu public, *il s'est pas caché hein !*
MC : Mais enfin, Evelyne.
EL : C'est hyper bien, pour dire qu'il y a une super ambiance.
MC : Les petits secrets de la République restent dans la République.
EL : Oh oui bein, c'était public *hein.*

(FaL-19/02/2010 [21:06; 21:07; 21:12; 21:13])

3. Les fonctions du *discours du moi*

Dans une perspective de l'analyse conversationnelle, nous pouvons constater que le dévoilement de soi émerge le plus souvent dans un tour de parole initiateur au cours de l'entretien. Rares sont les révélations dans un tour de parole réactif comme dans un extrait, où le présentateur Pascal Décaillet confirme la caractérisation des Pâquis comme étant le plus beau quartier de Genève. À l'expression de cette préférence de la part de l'invité il ajoute : *Je le trouve aussi.* (GàC-03/03/2010 [24:55]). Rares sont également les manifestations de dévoilement de soi en début d'entretien.

De l'analyse détaillée des entretiens médiatiques il émerge qu'une fonction majeure du discours du moi à la télévision locale est l'auto-catégorisation de la part des présentateurs comme partageant l'espace de vie avec l'audience ciblée.

Cette fonction répond parfaitement au positionnement de la chaîne locale *Léman Bleu*, dont les émissions ont pour point commun de refléter la vie genevoise. Conformément à la structure des trois piliers que nous avons mentionnée, cette auto-catégorisation s'effectue à différents niveaux.

Le contexte dans lequel se situe l'extrait N° 3 illustrant l'auto-catégorisation au niveau national est le suivant. Les rédacteurs de l'émission *Y a le feu au lac* étaient allés interroger les Genevois(es) dans la rue et leur avaient demandé si différentes marques étaient suisses ou non. Sur le nom de *Chevrolet* les interrogé(e)s n'étaient pas du même avis. Pour clarifier cette question et fournir la preuve de l'origine suisse du nom *Chevrolet*, le présentateur se sert d'abord d'un syntagme nominal composé de l'adjectif possessif de la première personne *mes* et du nom *prédécesseur*. Au singulier, le nom *prédécesseur* peut pourtant être utilisé dans le sens de *personne qui a précédé quelqu'un dans une fonction, une charge* (*Petit Robert* 2012, 1998). À l'aide du marqueur *enfin*, il introduit une auto-correction. Michel Chevrolet résout l'ambiguïté en remplaçant le nom *prédécesseur* par *ancêtres*, qui lui se réfère uniquement à la famille. Le *Petit Robert* (2012, 92) indique ici : *Personne qui est à l'origine d'une famille, dont on descend.*

⟨N° 3⟩
Lundi 1 février 2010
Xavier Casile, auteur du livre *So Sweet Zerland* : XC
Contexte : le vidéoclip *Le Report'Yaf* [*Chevrolet : suisse pas suisse ?*]
MC : Alors, eh, Chevrolet est suisse.
[...]
MC : Oui, Chevrolet est suisse.
XC : Oui.
MC : C'étaient mes prédécesseurs, enfin mes ancêtres *[...].*
(FaL-01/02/2010 [11:36])

Suite à cet exemple qui se réfère au niveau national, nous présentons l'auto-catégorisation du présentateur au niveau cantonal (N° 4). Dans un entretien avec le responsable du département Asie du *Musée Ethnographique de Genève*, Pascal Décaillet décèle qu'il partage le niveau d'appartenance cantonal avec le groupe cible. À l'aide de la formule *moi, je* il insère une activité habituelle dans son propre tour de parole. De l'énoncé du présentateur on peut déduire : *Les Genevois connaissent bien la cloche. – Je fais partie de ces Genevois.*

⟨N° 4⟩
Mardi 16 février 2010
Jérôme Ducor, responsable département Asie du MEG : JD
PD : Alors, Monsieur Ducor, au parc de l'Ariana, très beau parc, il y a cette immense cloche que les Genevois connaissent bien*, d'ailleurs souvent, moi, j'y vais tous les jours*

en été, parce que je cours là-bas, *il y a des Asiatiques qui viennent faire sonner la cloche, ça s'appelle la cloche de Shinagawa, vous pouvez nous en parler [...]* ?

(GàC-16/02/2010 [24:40; 24:44])

Dans l'extrait N° 5, qui illustre l'appartenance du présentateur au niveau communal, Michel Chevrolet mène un entretien avec le directeur et le président du conseil de fondation du Zoo La Garenne. Tous deux doivent répondre à la question du fruit favori. Michel Chevrolet se sert de la réponse de l'un de ses invités pour introduire un souvenir d'enfance. Dans son tour de parole, il concrétise le complément circonstanciel *dans la forêt* à l'aide de *à Meyrin, devant le Château de Feuillasse* et se réfère ainsi à une forêt bien précise dans la commune de Meyrin.

⟨N° 5⟩
Vendredi 19 février 2010
Pierre Ecoffey, directeur du Zoo La Garenne : PE
Roger Perrin, président du conseil de fondation du Zoo La Garenne : RP
MC : *[...] Quel est votre fruit favori, à tous les deux ? Le fruit défendu ?*
PE : *Ça, c'est presque le fruit défendu, moi, c'est plutôt [...] tout ce qui est sauvage, tout ce qui est pas cultivé, tout ce qu'on a oublié, tout ce qu'on [...] connaît plus, on connaît bien les fraises des bois, mais il y en a plein d'autres...*
MC : *Ouai, ouai.*
PE : *Qui sont excellents dans la forêt.*
MC : Oh, il fut un temps où à Meyrin je pouvais aller cueillir les fraises dans le grand fraisier qui était devant le Château de Feuillasse, *elles étaient délicieuses, elles étaient encore sucrées, aujourd'hui on en trouve de moins en moins des sucrées.*

(FaL-19/02/2010 [3:59])

Nous présentons maintenant un extrait où l'auto-catégorisation comme étant Genevois est d'abord adressée au public, pour être ensuite adressée aux interlocuteurs. L'extrait N° 6 illustre également le rôle de charnière que peut jouer l'articulation de l'appartenance par rapport aux deux cadres médiatiques. Michel Chevrolet entame son émission par la phrase *nous y sommes tous allés un jour*. À travers *nous tous*, qui succède directement à la salutation des spectateurs, il s'associe tout d'abord à son public. Le pronom adverbial *y* ne sera spécifié que par la suite : Il s'agit du *Zoo La Garenne aux portes de Genève*. Lorsque plus tard le présentateur s'adresse à ses invités, il manifeste son affection pour le *Zoo La Garenne*, qu'il associe à son enfance genevoise. Après avoir remercié ses interlocuteurs d'être venus, il s'inclue dans un groupe de *petits Genevois*. Il se sert de *alors c'est vrai que* qui exprime le renforcement tout comme *moi, je*.

⟨N° 6⟩
Vendredi 19 février 2010
Pierre Ecoffey, directeur du Zoo La Garenne : PE
Roger Perrin, président du conseil de fondation du Zoo La Garenne : RP
MC : Bonjour bonsoir, bonsoir à tous, nous y sommes tous allés un jour, nous y sommes tous allés un jour, enfants ou même encore aujourd'hui parents, mais il est aujourd'hui en danger, le Zoo La Garenne pourrait peut-être disparaître sans crier gare [...]. Nous parlerons d'une soirée de soutien donc au Zoo La Garenne aux portes de Genève, et nous recevrons aujourd'hui ses principaux dirigeants qui viendront tirer la sonnette d'alarme. [...] Mais pour l'heure, je vous demande d'accueillir comme il se doit la petite famille du Zoo de La Garenne, Pierre Ecoffey, le directeur du zoo, et Roger Perrin, président du conseil de fondation.
[...]
MC : Bienvenue, merci d'être là tous les deux, alors c'est vrai que moi, j'ai eu un petit coup de cœur [...] c'est parce que je suis, je fais partie des nombreux petits Genevois qui étaient allés à l'époque au Zoo La Garenne dans la région genevoise un peu plus loin [...].

(FaL-19/02/2010 [0:42; 2:08])

Dans les cas où le présentateur laisse apparaître qu'il partage l'espace de vie avec son audience, il peut aussi s'agir de témoigner d'un incident unique et – par ceci – de confirmer les propos de l'invité. Dans le contexte d'un incendie qui a pris à Genève près de la gare Cornavin le matin du 15 février, le présentateur Pascal Décaillet invite le capitaine Bernard à parler de la lutte contre cet incendie. Pour confirmer les déclarations de l'invité, selon lesquelles l'évacuation s'est faite très vite, le présentateur introduit un témoignage qui relève de sa sphère privée : *Alors,* je suis passé à six heures du matin, *c'était déjà bien évacué, le feu était déjà maîtrisé [...].* (GàC-15/02/2010 [3:14]).

Le discours du moi est souvent lié à l'expression de l'admiration envers l'invité, ce qui peut être considéré une ultérieure fonction importante. Dans l'extrait N° 7, Pascal Décaillet reçoit le photographe Jean Mohr. Bien que ce soit absolument usuel de présenter un invité au public avant d'entamer l'entretien avec celui-ci, dans le cas présent, Pascal Décaillet semble vouloir justifier cette présentation moyennant l'expression de son admiration. Dans la proposition circonstancielle, introduite par *parce que,* l'interviewer se sert de l'expression performative *je ne vous cacherai pas que* dans le sens de *j'avoue, je reconnais que.* Vers la fin de l'entretien, Pascal Décaillet répète son admiration envers son invité et se sert à nouveau du *moi* renforçant.

⟨N° 7⟩
Jeudi 25 février 2010
Jean Mohr, photographe : JM

PD : On aura aussi l'immense plaisir de finir Genève à Chaud tout à l'heure avec Jean Mohr, Jean Mohr est un très grand photographe [...].
[...]
PD : Alors, on va dire un mot de vous, parce que moi, je vous cacherai pas que je vous admire beaucoup *[...] à quel âge vous avez choisi ce métier Jean Mohr, la photographie?*
[...]
PD : Alors moi, ça me touche beaucoup de vous avoir sur ce plateau, vous faites partie des gens que j'admire beaucoup *pour votre travail sur l'image, et votre livre s'appelle* « Planète Femmes » *[...] ça se trouve dans les librairies, je vous remercie beaucoup, je vous souhaite une excellente soirée Jean Mohr, à bientôt, merci beaucoup.*
JM : Merci, au revoir.

(GàC-25/02/2010 [23:26; 26:55])

Dans un second exemple, l'expression de l'admiration du présentateur envers son invitée, la journaliste et écrivaine Myret Zaki, apparaît également sous forme de proposition objet, cette fois-ci introduite par *tu sais que : MC : Mais quel plaisir de te voir ! Bein on va se faire un gros bisou, parce que tu sais que je t'admire beaucoup.* (FaL-05/03/2010 [1:29]).

La fonction que remplit l'assertion biographique de l'extrait N° 8 ne se manifeste pas à première vue. Pascal Décaillet reçoit le Conseiller municipal socialiste de la Ville de Genève Christophe Buemi pour discuter d'une motion que ce dernier veut déposer et qui a pour objet la création de bains fluviaux sur le Rhône. Après avoir souhaité la bienvenue au public et à son invité, Pascal Décaillet entame le dialogue avec Mr. Buemi. Introduit par *moi, je* dans son premier tour de parole, il dévoile un aspect de sa vie privée, notamment qu'il a vécu plusieurs années à Berne. Comme on peut le voir par la suite, cette information sert à introduire dans le discours le fait qu'il existe deux différents types de bains fluviaux. Ainsi, l'interviewer instrumentalise-t-il l'information privée et ouvre la voie pour soutirer de son invité l'information qui l'intéresse : Quels seront exactement les projets pour Genève ?

⟨N° 8⟩
Lundi 15 février 2010
Christophe Buemi, Conseiller municipal PS : CB
PD : Alors, je vous le disais [...], on va parler de l'eau maintenant avec Christophe Buemi, bonsoir.
CB : Bonsoir Pascal Décaillet.
PD : Conseiller municipal socialiste Ville de Genève. Alors moi, j'ai vécu plusieurs années à Berne, *à Berne on nage dans l'Aar, au Marzili, à Genève, vous voudriez qu'on fasse la même chose, dans le Rhône, des bains fluviaux, vous pouvez nous raconter votre projet ?*
[...]

PD : *Alors, votre motion, elle demande au fond des bains, comme il y a des bains des Pâquis, des bains sur le Rhône, comme il y avait les bains de l'Arve à l'époque, dont vous avez parlé [...].*
CB : *Absolument.*
[...]
PD : À Berne, il y a deux sortes de bains, le Lorrainebad, c'est plutôt fermé, [...], et puis le Marzili, alors là, *c'est carrément, on y va [il fait un geste impétueux], on remonte à pied, on se jette d'un pont et puis on se laisse comme ça, c'est jouissif.* Ce sera possible cette deuxième solution ?

(GàC-15/02/2010 [5:50; 8:12; 8:18])

4. Les tournures et formules

Pour ce qui est des formules ou tournures qui introduisent le discours du moi, deux constructions peuvent être retenues. Dans nombreux extraits, l'énoncé personnel est introduit à l'aide de la formule *moi, je*. Selon Horlacher (2004, 147), la valeur de cette forme n'est pas donnée à priori et seul le contexte du *moi, je* permet son interprétation. Elle émerge de l'interaction et peut par exemple se définir en *moi, je* d'appropriation de la parole, en *moi, je* contrastif ou encore en *moi, je* utilisé à une fin excessive de dramatisation de soi (ibid.). Dans notre contexte, nous nous sommes limités aux occurrences du *moi, je* au sein d'une phrase qui révèle un aspect privé du présentateur en question. Au plan thématique, nous pouvons différencier quatre catégories : 1) les prédilections des présentateurs, 2) la communication de l'espace de vie, 3) la notoriété d'une tierce personne, 4) les émotions. Le plus souvent, le présentateur s'adresse à son invité (→I), dans deux cas seulement il s'adresse au public (→P). Dans un cas, finalement, l'interaction a lieu entre deux présentateurs (→Pr). Le tableau (1) ci-dessous contient les occurrences du corpus.

Tableau 1 : La formule *moi, je* dans les discours médiatiques

Les prédilections des présentateurs		
→I	*moi, je suis le genre à me faire une cuisine en cinq minutes à la maison avec les produits Coop et Migros*	FaL-01/02/10
→I	*moi, j'y vais tous les jours en été, parce que je cours là-bas*	GàC-16/02/10
→I	*moi, j'aime surtout, René, la paella*	FaL-03/03/10
L'espace de vie		
→I	*moi, j'ai vécu plusieurs années à Berne*	GàC-15/02/10
→Pr	*moi, j'y étais*	FaL-19/02/10

(suite)

Tableau 1 :   La formule *moi, je* dans les discours mediatiques (*suite*)

La notoriété d'une tierce personne		
→I	*moi, je l'ai vu en Suisse allemand*	GàC-04/02/10
→I	*moi, je l'ai bien connu au parlement à l'époque*	GàC-15/02/10
Les émotions		
→I	*moi, je vous cacherai pas que je vous admire beaucoup*	GàC-25/02/10
→I	*moi, ça me touche beaucoup de vous avoir sur ce plateau*	GàC-25/02/10
→I	*moi, je pourrais discuter quatre heures avec vous*	GàC-22/02/10
→P	*moi, je suis déboussolé, je sais plus [...] à quel s'avouer*	GàC-23/02/10
→P	*moi, j'ai eu un petit coup de cœur*	FaL-19/02/10

La deuxième constellation à retenir dans le cadre de l'analyse du discours privé des présentateurs est celle de la phrase relative dans le but de montrer que l'on connaît ou apprécie une personne ou une œuvre pertinente dans le contexte local. D'abord, ces phrases relatives peuvent se référer à une personne / un objet nommé dans le propre tour de parole du présentateur comme le démontre les extraits N° 9 et 10 :

⟨N° 9⟩
Lundi 1 février 2010
Xavier Casile, auteur du livre *So Sweet Zerland* : XC
MC : Et tu es là, parce que tu es un illustre inconnu, mais tu es là surtout, parce que tu as édité ce livre magnifique que j'ai adoré [...].
(FaL-01/02/2010 [6:45])

⟨N° 10⟩
Vendredi 5 mars 2010
Myret Zaki, écrivaine et rédactrice en chef adjointe magazine *Bilan* : MZ
MC : « Le secret bancaire suisse est mort », on peut le lire, on peut l'acheter, il coûte trente francs, il est aux éditions de mon ami Favre, que j'ai vu l'autre jour d'ailleurs et qui est très heureux d'avoir cette, ce livre dans sa collection, merci Myret Zaki.
MZ : Merci beaucoup, Michel.
(FaL-05/03/2010 [26:18])

La phrase relative peut pourtant aussi se référer à une personne nommée dans le tour de parole de l'interlocuteur et constituer soi-disant la continuation de son tour de parole. Pour ce faire, le présentateur Michel Chevrolet interrompt même son interlocuteur, comme nous pouvons l'observer dans l'exemple N° 11.

⟨N° 11⟩
Mercredi 3 février 2010
Stefan Meierhans, Monsieur Prix : SM
MC : Et quelle personnalité genevoise admirez-vous beaucoup ?
SM : J'ai pu connaître Jean-Philippe Maître, qui venait de Collonge-Bellerive, ici à côté
de Genève...
MC : Que j'ai très bien connu aussi.
SM : Voilà justement.
MC : Et que j'aime beaucoup.

                                                    (FaL-03/02/2010 [6:44; 6:46])

5. Résumé

Le but de ce rapport qui s'inscrit dans la recherche concernant le français parlé à la télévision locale consiste à donner un aperçu des caractéristiques du discours privé des présentateurs dans leurs émissions. Dans une perspective de l'analyse conversationnelle, nous avons pu constater que ce phénomène émerge le plus souvent dans un tour de parole initiateur au cours d'un entretien. Pour ce qui est de la fonction de ces énoncés, nous pouvons distinguer deux fonctions principales. Une fonction majeure du discours du moi à la télévision locale est l'auto-catégorisation de la part des présentateurs comme partageant l'espace de vie avec l'audience ciblée. Conformément à la structure des trois piliers qui caractérise la Suisse, cette auto-catégorisation s'effectue au niveau de la Confédération, du canton ainsi qu'au niveau d'une commune.

Le discours du moi est souvent lié à l'expression de l'admiration envers l'invité, ce qui peut être considéré une seconde fonction importante. Au plan syntaxique, l'expression de l'admiration apparaît souvent sous forme de proposition objet, introduite par exemple par *tu sais que* ou *je ne cacherai pas que*. D'autre cas du discours du moi ont été relevés, notamment le témoignage dans le but de confirmer les propos de l'invité ou de lui soutirer des informations. Au niveau structurel, nous pouvons retenir que le discours du moi s'effectue le plus souvent à travers la formule *moi, je*. Les occurrences couvrent plusieurs thématiques, telles que la communication d'émotions ou de prédilections. La deuxième constellation à retenir dans le cadre de l'analyse du discours privé des présentateurs est celle de la phrase relative qui peut faire fonction de continuation d'un tour de parole de l'interlocuteur.

Dans une perspective plus large, il serait éclairant de prendre en considération les médias locaux d'autres régions, par exemple *TeleTicino* en Suisse ou *Télé Bruxelles* en Belgique. Une analyse plus vaste du comportement langagier des présentateurs à la télévision locale pourrait contribuer à déterminer dans quelle mesure l'espace public est remodelé par l'imbrication du discours à la première personne et d'énoncés globaux constaté par Mehl (1996, 12).

Références

Baudry, Patrick / Sorbets, Claude / Vitalis, André (éds.) (2002) : *La vie privée à l'heure des médias*. Bordeaux : Presses Universitaires de Bordeaux.

Burger, Harald (1998) : Lokalfernsehen – ein neues Medium? Nachrichtensendung als Probe aufs Exempel. Dans : Holly, Werner / Biere, Bernd Ulrich (éds.) : *Medien im Wandel*. Opladen et al. : Westdeutscher Verlag, 135–156.

Burger, Marcel (2007) : L'intimité discursive impossible dans les médias: ou lorsque la télégénie prime la parole confidente. Dans : Kerbrat-Orecchioni / Traverso, 239–258.

Goffman, Erving (1973): *La mise en scène de la vie quotidienne (t1: La présentation de soi; t2: Les relations en public)*. Paris : Les Editions de Minuit.

Horlacher, Anne-Sylvie (2004) : La confidence radiophonique : entre effacement du *je* et revendication du *moi*. Dans : *Travaux neuchâtelois de linguistique* 40, 133–149.

Kerbrat-Orecchioni, Catherine / Traverso, Véronique (2007) : Introduction. Dans : Id., 1–36.

Kerbrat-Orecchioni, Catherine / Traverso, Véronique (éds.) (2007) : *Confidence. Dévoilement de soi dans l'interaction*. Tübingen : Niemeyer.

Lobin, Antje (2015) : *Moderation und Gesprächssteuerung für ein lokales Publikum. Sprachliche Strategien im Genfer Lokalfernsehen* Léman Bleu. Wilhelmsfeld : Gottfried Egert.

Melich, Anna (éd.) (1991) : *Die Werte der Schweizer*. Bern et al. : Peter Lang.

Mehl, Dominique (1996) : *La télévision de l'intimité*. Paris : Seuil.

Neveu, Erik (2001) : *Une société de communication ?*. Paris : Montchrestien.

Pop, Liana (2007) : La confidence : genres, marqueurs, stratégies et niveaux de textualisation. Dans : Kerbrat-Orecchioni / Traverso, 407–426.

Rey-Debove, Josette / Rey, Alain (éds.) (2012) : *Le Petit Robert. Dictionnaire alphabétique et analogique de la langue française*. Paris : Dictionnaires Le Robert.

Traverso, Véronique (1996) : *La conversation familière. Analyse pragmatique des interactions*. Lyon : Presses universitaires de Lyon.

Sources Internet

Grimm, Petra / Krah, Hans (2015) : *Ende der Privatheit? Eine Sicht der Medien- und Kommunikationswissenschaft.* URL : http://www.digitaleethik.de/for-schung/publikationen/online-publikationen/ (08/02/2017).

Anamaria Gebăilă

« Vous connaissez la vie privée de vos collaborateurs ou de vos amis ? Moi pas ». Le discours privé comme stratégie électorale dans les débats télévisés

Abstract: Le présent article fournit une analyse de l'importance du domaine privé dans la construction des stratégies pragmatiques dans les débats électoraux depuis 1988 pour le second tour des élections présidentielles en France et en Roumanie et pour les élections parlementaires en Italie. Étant donné que ce genre de débat est rarement l'endroit pour partager des informations personnelles, la présence de celles-ci est, en termes de la théorie de la pertinence (Sperber / Wilson 1986), très importante pour l'intention du locuteur dans le contexte communicatif. L'étude montre que des informations du domaine privé sont plus fréquentes dans le corpus roumain et sont généralement utilisées dans la construction de l'image du candidat ou de celle-ci de son adversaire pour exprimer de l'ironie ou comme stratégie d'évasion.

Keywords: domaine privé, stratégies pragmatiques, débat électoral, France, Roumanie, Italie, théorie de la pertinence

1. Introduction

« Un homme – une femme – d'Etat n'a plus rien à cacher : il ou elle n'a fait don de sa personne aux citoyens, pour ne pas risquer de les inquiéter, voire de les berner. » Voilà une affirmation faite par Emmanuel Pierrat, célèbre avocat au barreau de Paris, dans le quotidien *Le Monde* en 2014. En considérant cette opinion légèrement inquiétante pour la santé de la vie publique, cette analyse propose l'étude, dans une perspective pragmatique contrastive, des inserts de discours privé dans les débats électoraux télévisés en France, en Roumanie et en Italie.

Par discours privé on entend ici les arguments qui concernent la vie privée des candidats, de leurs familles et de leurs collaborateurs, en antithèse avec le contenu informatif sur les domaines publics d'intérêt pour les téléspectateurs.

2. Cadre théorique

La perspective pragmatique envisagée est celle de la théorie de la pertinence proposée par Sperber / Wilson (1986, 121), qui permet l'étude du discours et

surtout de l'intention du locuteur dans le contexte communicatif. De cette
manière, toute information que le locuteur choisit de partager dans un contexte,
surtout dans les contextes d'importance décisive comme les débats électoraux
télévisés, est significative, d'autant plus si l'information est apparemment dis-
cordante par rapport au sujet élaboré auparavant.

Cette contribution présente l'identification de quelques moyens par lesquels
les stratégies pragmatiques se manifestent au niveau discursif, avec principalement les atténuateurs et les modalisateurs.

Pour le traitement conceptuel de l'atténuation, on utilise ici la définition et
la classification proposées par Fraser (2010, 20), qui voit l'atténuation comme
une stratégie rhétorique exprimant l'absence d'adhésion par rapport à la totale
appartenance sémantique d'un élément à une catégorie, ou bien par rapport à
la force de l'acte de langage. Ainsi, Fraser (2010) reprend et affine la dichotomie
des atténuateurs, proposée auparavant par d'autres auteurs comme Prince *et al.*
(1982), avec un niveau d'action sémantique ou pragmatique.

Au niveau pragmatique, qui nous intéresse ici, l'on trouve les atténuateurs
des actes de langage, avec deux sous-classes : les atténuateurs de la plausibilité, qui expriment le doute du locuteur sur la valeur de vérité des contenus,
et les atténuateurs de l'attribution, qui passent la responsabilité du message à
quelqu'un d'autre.

3. Le corpus

Le corpus total contient un peu plus de 27 heures d'enregistrements des
confrontations électorales entre les candidats à la présidence de la République
ou aux élections politiques en Italie.

Pour le corpus français, d'ailleurs longuement analysé par Catherine
Kerbrat-Orecchioni (2012), et pour le corpus roumain, il s'agit des débats traditionnels entre les candidats à la présidence de la République avant le deuxième
tour, à partir de 1988 pour le corpus français – avec quatre débats qui durèrent
en tout 9h 15min 45s – et depuis 1996 pour le corpus roumain – avec cinq
débats pour un total de 9h 56min 18s.

Le corpus italien, pour lequel la sélection comprend seulement 7h 48min
38s, est moins homogène puisqu'en Italie il n'y a pas de plébiscite pour la fonction de Président de la République. Il n'y a pas non plus une vraie tradition des
émissions télévisées où les candidats ayant le plus de chances aux élections sont
mis face à face avec des journalistes posant les questions et gérant les temps de
réponse. Il y a eu toutefois un débat très similaire à ceux qu'on a en France et

en Roumanie : celui de 2006 entre Silvio Berlusconi et Romano Prodi, modéré par Bruno Vespa.

Le corpus italien contient aussi des extraits de deux débats pour les élections primaires des partis de la coalition de gauche pour l'élection du candidat représentatif, dans la bataille contre le front de droite (2012 Renzi, Tabacci *et al.* ; 2013 Renzi, Civati, Cuperlo). L'ajout de ces deux débats s'explique par la présence de la communication argumentative : dans les discours pour les élections primaires en Italie, du moins dans le corpus analysé ici, la communication politique rituelle est contaminée par la communication politique argumentative comme entendue par Gualdo / Dell'Anna (2014, 48) ; c'est-à-dire que les candidats ont comme public cible non seulement les membres des partis de gauche, mais aussi l'électorat global, c'est-à-dire celui qui regarde le débat à la télévision et qui devra voter plus tard, en choisissant entre le groupe de gauche et l'alliance de droite.

4. Taux du discours sur la vie privée dans les débats électoraux

Une première observation concerne la proportion assez réduite du discours privé dans les débats en face-à-face. On en trouve peu d'exemples dans le corpus : en termes de minutes, sur les 27 heures environ du corpus total seule une trentaine de minutes est occupée par le discours sur la vie privée. Il n'y aura pas, donc, beaucoup d'exemples de discours privé dans le corpus, mais ceux qu'on y trouve sont d'autant plus significatifs dans la perspective de la théorie de la pertinence (Sperber / Wilson 1986, 121), car les inserts de l'argument de la vie privée créent un effet de surprise sur l'auditoire, ce qui rend ces parties de discours mémorables.

Au-delà des fragments qui relèvent strictement de la vie privée, on analyse aussi les instances communicatives dans lesquelles on construit l'image caractérielle de soi-même ou de l'adversaire en tant que personne et non pas en tant que politicien. Dans ces contextes il y a souvent une contamination du registre public avec des informations de nature subjective qui, en théorie, ne devraient pas compter trop dans l'algorithme du choix des électeurs, mais qui, en réalité, jouent un rôle décisif dans le processus du vote.

5. Discours privé vague et atténuation

L'analyse qualitative des cas où la vie privée et les jugements « personnalisés » entrent dans les débats met en évidence le fait que les candidats et parfois même les journalistes, comme dans l'exemple (1), se rendent compte que ce débat

décisif n'est pas le lieu adéquat pour des discours sur ce sujet. Suite à cette prise
de conscience, ils s'efforcent d'atténuer leurs déclarations par des moyens linguistiques.

On remarque dans l'exemple (1) la forte atténuation au début de la question
de Patrick Poivre d'Arvor manifestée par la double utilisation de l'adjectif *petit*,
évidente aussi au niveau de l'attribution étendue sur Arlette Chabot, l'autre
journaliste animant le débat, juste pour introduire une question incommode
sur la caractérisation réciproque des candidats.

> (1) **Patrick Poivre d'Arvor** : *Une petite question personnelle, comme un petit peu au*
> *début. Ça fait, voilà, maintenant plus de deux heures, deux heures et demie que*
> *vous débattez ensemble. C'est la première fois que vous vous retrouvez pendant*
> *cette campagne, c'est la première fois depuis quatorze ans. Nous, avec Arlette*
> *Chabot, nous avions tendance à penser que vous aviez des points communs, que*
> *vous étiez un peu rebelle dans votre propre camp, résistant, combattant. Que*
> *pensez-vous l'un de l'autre ?*
> **Nicolas Sarkozy** : *Ce n'est pas d'hier, et Mme Royal le sait bien, que je respecte*
> *son talent et sa compétence. J'avais eu l'occasion de le dire, ce qui m'avait valu des*
> *problèmes avec certains de mes amis. On n'est pas là où elle est, par hasard. [...]*
> *C'est vraiment quelqu'un qui, pour moi, est davantage une concurrente, si elle me*
> *le permet, qu'une adversaire. Je n'ai bien sûr aucun sentiment personnel d'hostilité*
> *à l'endroit de Mme Royal.*
> **Ségolène Royal** : *Je m'abstiens de jugement personnalisé, parce que le débat poli-*
> *tique, c'est d'abord un débat d'idées. De ce point de vue, vous êtes un partenaire de*
> *ce débat démocratique que nous avons actuellement.*[1] (02/05/2007, 2:21:24)

Nicolas Sarkozy répond par un éloge de son adversaire, stratégie qui lui
construit une image d'homme généreux qui sait apprécier son adversaire. Dans
les premières phrases à caractère vague, Nicolas Sarkozy ne se lance point dans
une énumération des qualités de Mme Royal, il ne précise pas depuis quand
il l'apprécie, de même qu'il ne nomme pas les « amis » qui ne partagent pas
cette estime pour son adversaire. Cette technique rhétorique fait partie d'une
stratégie consistant à éviter d'entacher l'image publique de l'adversaire et est
identifiée par Gruber (1993, 3) comme une situation dans laquelle se manifeste
le caractère vague du langage politique.

Ce discours vague, d'une politesse qui se reflète de manière positive sur
l'image du locuteur, est suivi par la réplique de Ségolène Royal, qui met l'accent sur l'importance des idées et non pas sur les jugements à propos de la

---

1   Puisque cette recherche ne s'occupe pas des aspects suprasegmentaux du discours,
    les exemples analysés reflètent seulement le contenu linguistique de ce dernier.

personnalité de l'autre candidat. Après le discours de Sarkozy, cette réplique semble être une erreur communicative, qui présente Ségolène Royal comme incapable de dire du bien de son adversaire ; on remarque donc que le refus de toucher aux arguments privés lorsque l'adversaire le fait poliment et l'impossibilité de répondre de la même manière peuvent être nuisibles à la construction de sa propre image.

6. La fausse confidence

Dans l'exemple (2), Nicolas Sarkozy fait semblant de communiquer quelque chose sur sa personnalité, mais en fait utilise cette fausse confidence – *Moi, la passion de ma vie porte un nom, c'est l'action* – pour exprimer une caractéristique de son programme politique, qui promet du changement :

> (2) *Nicolas Sarkozy : On ne peut pas être candidat et Président de la République plus de deux mandats successifs. Pourquoi ? Parce que l'énergie que l'on met à durer, on ne la met pas à faire. Moi, la passion de ma vie porte un nom, c'est l'action. Je veux faire. Si les Français nous choisissent, que ce soit madame Royal ou moi, ils nous choisiront pour faire, pour agir, pour changer, pour obtenir des résultats.* (02/05/2007, 5:35)

On remarque la mise en relief de la première personne exprimée par l'utilisation cataphorique du pronom *moi*, en antithèse avec la généralisation de la phrase précédente, qui ne se réfère pas de manière spécifique à sa situation : *Parce que l'énergie que l'on met à durer, on ne la met pas à faire.*

Dans l'exemple (3) ci-dessous l'on peut voir une illustration de la même stratégie pragmatique de la fausse confidence en roumain, dans le discours de Victor Ponta, qui, sous une apparence d'histoire familiale, cache deux points de son programme de gouvernement : la protection des retraités et la lutte contre le chômage parmi les jeunes. Évidemment, la narration familiale a pour but de créer l'empathie avec l'auditoire, qui superpose ses souhaits à ceux du candidat.

> (3) *Victor Ponta : Și cel mai mult și mai mult îmi doresc un lucru pe care-l doresc tuturor celor care se uită acum la mine: mama mea și bunica mea, care sunt pensionare aici, în România, să poată trăi cât vrea Dumnezeu într-o țară normală, copii mei care trăiesc acum în România să trăiască și peste zece, și peste douăzeci de ani, să aibă o șansă cu toți copiii din această țară să-și ducă viața mai departe în România.*[2] (12/11/2014, 1:18:05)

---

2   « Et je désire le plus une chose que je souhaite à tous ceux qui me regardent maintenant : que ma mère et ma grand-mère, qui sont à la retraite ici, en Roumanie, puissent vivre autant que Dieu le voudra dans un pays normal, que mes enfants, qui vivent

La même intention de rendre les propos politiques plus proches de l'auditoire
en les intégrant dans le récit personnel se retrouve dans le discours de Matteo
Renzi :

> (4) **Matteo Renzi**: *Vorrei che per mio figlio l'Europa fosse gli Stati Uniti d'Europa,*
> *con l'elezione diretta del Presidente dell'Unione Europea.* [...] *E vorrei anche, e*
> *direi soprattutto, che l'Europa avesse un'anima. Ecco perché mi piacerebbe pensare*
> *che dopo che mio nonno è andato in Francia a sparare a un coetaneo, dopo che la*
> *mia generazione è quella che ha fatto l'Erasmus, per la generazione di mio figlio ci*
> *fosse quel servizio civile europeo obbligatorio che non abbiamo neanche in Italia.*
> (12/11/2012, 21:35)

On remarque dans cet exemple l'atténuation des actes de langage, réalisée par
l'utilisation du conditionnel *direi* dans l'incidente *e direi soprattutto*, ou bien
par l'atténuation du verbe *pensare* par un autre conditionnel, *mi piacerebbe.*
En utilisant la sous-division de Fraser (2010, 22), dans l'exemple (4), les deux
verbes au conditionnel – *direi* et *mi piacerebbe*, modalisateur de l'épistémique
pensare – agissent en tant qu'atténuateurs de la plausibilité.

7. L'attaque frontale par des dévoilements

Les arguments de la vie personnelle sont utilisés aussi comme attaque contre
l'adversaire, habituellement dépeint dans les couleurs sombres du mensonge et
de la corruption. Les candidats font parfois eux-mêmes appel à un combat sans
attaques *ad hominem*, comme en (5), où Nicolas Sarkozy utilise la quatrième
personne faussement inclusive comme élément d'atténuation de l'impératif,
suivie par l'erreur *ab nominem*:

> (5) **Nicolas Sarkozy :** *Ne faisons pas de remarque ad nominem* (02/05/2007, 1:22:24)

Les informations nouvelles liées aux relations personnelles ne sont pas toujours
centrées exclusivement sur les participants au débat. Quelquefois, celles-ci comprennent un cercle plus ou moins restreint et les locuteurs ont l'air de dévoiler
un secret, comme dans l'exemple (6) :

> (6) **Jacques Chirac :** *Monsieur Mitterrand, tout d'un coup vous dérapez dans la fureur*
> *concentrée. Je voudrais simplement relever un point, dont je ne sais pas s'il est digne*
> *ou indigne de vous, je n'ai jamais levé le voile sur une seule conversation que j'ai pu*
> *avoir avec un Président de la République dans l'exercice de mes fonctions. Jamais.*

---

maintenant en Roumanie, puissent y vivre même après dix, après vingt ans, qu'ils
aient une chance, comme tous les enfants de ce pays, de mener leur vie en Roumanie. » (trad. AG).

> [...] *Mais est-ce que vous pouvez dire, monsieur Mitterrand, en me regardant dans les yeux, que je vous ai dit que Gordji, que nous avions les preuves que Gordji était coupable de complicité ou d'actions dans les actes précédents.* [...]
> **François Mitterrand** : *Dans les yeux, je la conteste. Car lorsque Gordji a été arrêté et lorsque s'est déroulée cette grave affaire du blocus de l'Ambassade d'Iran* [...]. *Et cela, vous le savez fort bien...*
> **Jacques Chirac** : *Passons... Je ne joue pas au poker... mais on parle de dignité...*
> (28/04/1988, 1:57:28)

Dans cet échange de répliques entre Jacques Chirac et François Mitterrand l'appel à la sincérité est mis en valeur par l'interaction entre les deux candidats, avec une transgression diaphasique comme si le public assistait à un tête-à-tête. La réplique qui conclut cette partie du dialogue est un exemple d'utilisation d'une information qui tient du domaine privé – *je ne joue pas au poker* – en tant que stratégie d'évasion, rendue évidente aussi par le verbe *passons*, qui exprime l'intention de renoncer à la dispute.

L'exemple (7) montre que la vie privée des collaborateurs se reflète de manière négative sur l'homme politique et les adversaires en profitent : il s'agit de l'affaire DSK, avec la réplique de François Hollande, qui se défend à l'aide d'une question rhétorique et d'une réponse immédiate : *Vous connaissez la vie privée de vos, de vos collaborateurs ou de vos amis ? Moi pas !*

> (7) **Nicolas Sarkozy** : *J'ai voulu que l'opposition ait des responsabilités. Et franchement, quand on a découvert le vrai visage de Dominique Strauss Kahn on a été étonné. Mais que vous, vous osiez me dire que vous ne le connaissiez pas, ça c'est un peu curieux.*
> **François Hollande** : *Vous pensez que je connaissais sa vie privée ? Comment voulez-vous que je la connaisse ? Comment voulez-vous que je la connaisse ? Vous aviez des informations, vous? Moi, je n'en avais pas.*
> **Nicolas Sarkozy** : *Ponce Pilate...*
> **François Hollande** : *C'est pas Ponce Pilate. Vous aviez des informations, vous?*
> **Nicolas Sarkozy** : *Non, non.*
> **François Hollande** : *Ah, bon, et moi comment j'en aurais, par quels moyens?*
> **Nicolas Sarkozy** : *Je pense que...*
> **François Hollande** : *Par quelles procédures ?*
> **Nicolas Sarkozy** : *Je pense que vous fréquentez le même parti...*
> **François Hollande** : *Vous connaissez la vie privée de vos... de vos collaborateurs ou de vos amis ? Moi pas !* (02/05/2012, 2:30:02)

8. Le domaine privé comme source d'ironie

Les amis et même les proches sont presque toujours mis en cause par l'adversaire comme facteurs nuisibles à l'image du candidat. Dans le débat Sarkozy-Royal, Nicolas Sarkozy fait plusieurs fois appel à la relation personnelle entre Royal et Hollande, qui était d'ailleurs de domaine public, mais le choix de Sarkozy de présenter Ségolène Royal comme contrôlée par Hollande a pour résultat la réplique assez acide de la candidate, qui affirme son indépendance par rapport aux opinions de François Hollande :

> (8) *Ségolène Royal : Vous ferez un débat avec François Hollande quand vous le vou-drez.*
> *Nicolas Sarkozy : Vous n'êtes pas concernée ?*
> *Ségolène Royal : Voilà.*
> *Nicolas Sarkozy : Ça ne vous engage pas ?*
> *Ségolène Royal : Non.*
> *Nicolas Sarkozy : Très bien, il sera content de l'apprendre. Et j'aurais au moins facilité cette part du dialogue.* (02/05/2007, 82:24–82:35)

L'ironie, qu'on remarque surtout dans la dernière réplique de Sarkozy, est à rattacher à la stratégie consistant déstabiliser l'adversaire politique, laquelle est identifiée par Tsakona / Popa (2011, 5–6) comme étant la raison principale à l'utilisation de l'humour par les politiciens ; ainsi, l'ironie sert de ressource communicative pour attaquer l'incongruité entre les déclarations de Ségolène Royal et l'image de la candidate créée par la relation personnelle avec Hollande.

L'ironie est remarquée par celui qui est moqué et quelquefois signalée comme inadéquate dans un débat électoral, comme dans l'exemple (9) :

> (9) *François Hollande : Vous êtes toujours content de vous ! Ce qui est extraordinaire, c'est que, quoi qu'il arrive, quoi qu'il se passe, vous êtes content. Les Français le sont moins, mais vous, vous êtes content. Je dois ajouter sur la croissance, puisque vous en parlez, que nous sommes…*
> *Nicolas Sarkozy : Dois-je considérer que, quand vous augmentez de façon éhontée, je dois accepter…*
> *François Hollande : Pour l'instant, je n'ai rien dit qui puisse justifier cette expres-sion.*
> *Nicolas Sarkozy : C'est un mensonge.*
> *François Hollande : Non. Lequel ? Lequel ?*
> *Nicolas Sarkozy : C'est un mensonge.*
> *François Hollande : Lequel ?*
> *Nicolas Sarkozy : Quand vous dites « je suis toujours content de moi », que je ne prends pas mes responsabilités, c'est un mensonge.*

> *François Hollande* : *Vous êtes très mécontent de vous. J'ai dû me tromper, j'ai dû faire une erreur. Je me mets à présenter mes excuses, vous êtes très mécontent de vous.*
> *Nicolas Sarkozy* : *Ce n'est pas le concours de... Monsieur Hollande, ce n'est pas le concours de la petite blague.*
> *François Hollande* : *Non, ce n'est pas la blague non plus. Mais je ne peux pas me faire traiter ici de menteur.* (02/05/2012, 35:57)

Après une remarque sur la suffisance de Sarkozy, l'ironie de François Hollande se manifeste en niant son affirmation précédente. Il utilise le verbe *devoir* comme faux atténuateur des actes de langage et plus précisément come atténuateur de la plausibilité – *Vous êtes très mécontent de vous. J'ai dû me tromper, j'ai dû faire une erreur.* Cela montre qu'en réalité il veut exprimer le contraire, c'est-à-dire qu'il ne s'était point trompé lorsqu'il avait qualifié Nicolas Sarkozy de suffisant. La stratégie de Sarkozy est de se créer une image très sérieuse, en traitant l'adversaire de menteur, avec une pointe de mépris, tandis que la réponse de François Hollande – *Non, ce n'est pas la blague non plus. Mais je ne peux pas me faire traiter ici de menteur* – se veut une justification pour l'utilisation de l'ironie dans la réplique précédente.

9. Les jugements personnels sur l'adversaire

La question des privilèges que les amis et les proches reçoivent grâce au candidat est toujours utilisée comme arme et engendre parfois des répliques acides sur le caractère de l'adversaire, qui semblent de vraies attaques personnelles, par exemple en (10) :

> (10) *François Hollande* : *Vous avez vos proches partout, partout, dans tous les ministères, dans toutes les préfectures, dans toutes les ambassades, vous avez nommé tous vos proches, y compris dans les établissements bancaires qui dépendent de vous, ou plus ou moins. Y compris à Dexia. Vous avez nommé partout vos proches.*
> *Nicolas Sarkozy* : *Puis-je terminer ?*
> *François Hollande* : *Et c'est ce que les Français savent parfaitement, y compris pour la magistrature.*
> *Nicolas Sarkozy* : *C'est un mensonge et c'est une calomnie. Vous êtes un petit calomniateur en disant cela.* (02/05/2012, 2:25:53)

avec les phrases de Nicolas Sarkozy *C'est un mensonge et c'est une calomnie. Vous êtes un petit calomniateur en disant cela.* Seulement apparemment un atténuateur de *calomniateur*, l'adjectif *petit* a dans le syntagme *un petit calomniateur* une interprétation qui va au-delà de la couche sémantique, en ajoutant du mépris au contenu sémantique déjà fortement critique de *calomniateur* ; il

s'agit en effet d'une stratégie pour sauver la face après l'assertion précédente, très tranchante – *C'est un mensonge et c'est une calomnie.*
Mais l'exemple le plus clair de communication d'une remarque subjective par la technique de la comparaison avec des éléments « culturels » pour construire une attaque *ad hominem* est peut-être l'échange de répliques hautement émotif entre Silvio Berlusconi et Romano Prodi en 2006, en (11). Il ne s'agit pas, à proprement parler, d'un argument qui tient de la vie privée, mais le discours en soi a l'air d'être personnel par la virulence de l'attaque :

> (11) **Romano Prodi**: *A me sembra che il Presidente del Consiglio si affidi ai numeri un po' come gli ubriachi si attacchino... si attacano ai lampioni, no? Non per farsi illuminare, non per farsi illuminare, ma per farsi ... ma per farsi...* [...]
> **Silvio Berlusconi**: *Vorrei ricambiare l'ubriaco del signor Prodi dicendogli se non si vergogna davvero di svolgere oggi lui, nei confronti dei partiti comunisti della sua coalizione il ruolo che fu definito storicamente dell'utile idiota.* [...] *Ma lui in questo momento presta la sua faccia di curato bonario a una realtà della sinistra che è fatta da* [sic!] *70% da ex comunisti o da comunisti.* [...]
> **Romano Prodi**: *Mah... veramente...*
> **Silvio Berlusconi**: *È storica, eh? La citazione come Shaw.*
> **Romano Prodi**: *Non c'è problema, non c'è problema. Io non... ho un carattere, appunto, da curato bonario... non ho un sistema nervoso complicato.* (03/04/2006, 1:03:25)

Les caractérisations qui partent d'une citation de Bernard Shaw que Romano Prodi choisit d'utiliser pour attaquer l'autre candidat se transforment ici en injures, et il y a un net glissement diaphasique des deux adversaires, surtout de Silvio Berlusconi, témoignage d'une nervosité excessive que Prodi observe et à laquelle il répond, après quelques hésitations, en se construisant une image d'homme calme.

10. Discours privé et expression des états émotifs

L'expression des états émotifs se manifeste souvent dans les inserts d'informations sur la vie privée. Ainsi, dans le face-à-face entre Mitterrand et Chirac, les candidats se déclarent tous les deux amis des animaux. En (12) l'attaque de Jacques Chirac à propos de l'augmentation de la TVA sur les aliments pour les animaux de compagnie est suivie, après un peu d'écart temporel, par la réplique de Mitterrand :

> (12) **Jacques Chirac** : *J'ai la liste des impôts que vous aviez augmentés, c'est impressionnant jusqu'à y compris – et je vous en ai voulu à cette époque, non pas pour des raisons personnelles naturellement, mais en tant que maire de Paris, en tant*

qu'homme – en 1984 vous avez plus que doublé le taux de la TVA sur les aliments pour les chiens et les chats. [...]
François Mitterrand : *J'ajoute, enfin, que vous avez parlé des chats et des chiens – moi aussi je les aime beaucoup, d'ailleurs nous avons des chiens de la même espèce et Dieu sait si l'on s'y attache – alors, je ne peux pas vous répéter ce que j'avais entendu naguère : vous n'avez pas le monopole du cœur pour les chiens et les chats. Je les aime moi aussi.*

(28/04/1988, 1:17:55)

On remarque encore l'ironie de François Mitterrand – *vous n'avez pas le monopole du cœur pour les chiens et les chats. Je les aime moi aussi* – qui présente un argument qui tient de l'économique comme une petite bagarre sentimentale.

11. Stratégie évasive et discours privé

Une autre stratégie pragmatique mise en œuvre à l'aide des informations sur la vie privée est l'évitement d'une situation compliquée face à une question qui menace l'image du politicien ; celui-ci choisit d'utiliser des informations privées justement pour engendrer un effet de surprise qui puisse faire oublier la question initiale. L'exemple (13) cite un des moments-clés du débat entre Emil Constantinescu et Ion Iliescu pour les élections présidentielles de 1996 ; il s'agit d'un échantillon parfait de ce qu'on appelle dans la terminologie anglo-saxonne un *silver bullet*, c'est-à-dire un moment décisif, qui peut changer le résultat du vote :

> (13) **Emil Constantinescu :** *Credeţi în Dumnezeu, domnule Iliescu?*
> **Ion Iliescu :** *Domnu' Constantinescu, eu m-am născut într-o familie de oa... de oameni evlavioşi, am fost botezat în Biserica Ortodoxă Română şi am această calitate. Sigur, în evoluţia mea intelectuală s-au produs anumite deplasări, dar am rămas pătruns de elementele fundamentale ale credinţei şi ale moralei creş-tine. Eu sunt mai creştin şi mai credincios de... decât mulţi alţii care îşi etalează în public această credinţă, cu care eu cred că nu trebuie să se facă nici comerţ, nici propagandă politică.*
> **Emil Constantinescu :** *Aţi declarat că sunteţi liber-cugetător. Asta înseamnă necredincios, deci om fără Dumnezeu.*
> **Ion Iliescu :** *Nu, asta nu înseamnă necredincios.*[3]

Après la question hautement privée *Credeţi în Dumnezeu, domnule Iliescu?* (*Est-ce que vous croyez en Dieu, M. Iliescu ?*), qui se base sur une affirmation

---

3 « **Emil Constantinescu :** Est-ce que vous croyez en Dieu, M. Iliescu ?
   Ion Iliescu : M. Constantinescu, je suis né dans une famille de ge... de gens dévots, j'ai été baptisé dans l'Eglise Orthodoxe Roumaine et j'ai cette qualité. Bien sûr, le long de mon évolution intellectuelle certains glissements se sont produits, mais je

précédente d'Ion Iliescu, à laquelle son adversaire se réfère plus tard – *Aţi decla-rat că sunteţi liber-cugetător* (*Vous avez déclaré que vous êtes libre-penseur*) – Iliescu choisit de narrer son évolution en fait de religion, justement pour éviter une réponse tranchante.

12. Conclusions

Suite à l'analyse du corpus, on observe une structure dialogique de la plupart des inserts de discours privé sélectionnés, ce qui montre bien l'importance de la dimension privée dans la variété du parlé spontané. Si, par contre, le candidat souhaite construire son image, la structure du monologue est la plus fréquente. Dans les rares cas de dialogue relevés dans la stratégie de construction de sa propre image, les candidats essaient de se situer en antithèse par rapport à l'adversaire.

Cette recherche met en évidence trois types principaux d'utilisation des informations sur la vie privée : premièrement, les données sont fournies par le candidat-même pour construire une image positive de soi, et la dimension dia-mésique du discours oral impose une authenticité communicative pour la création de laquelle le discours privé est un outil. Deuxièmement, les informations qui ne font pas partie du domaine public peuvent être utilisées pour soutenir une idée politique, à travers la stratégie de la fausse confidence. Troisièmement, et c'est le cas le plus fréquent, les informations privées, plus ou moins inédites, sont transformées en attaques personnelles par les adversaires, avec une présence importante des atténuateurs et l'expression des états émotifs. Cependant, à l'instar de ce que Gingras (1995, 196–197) avait remarquée auparavant pour les débats électoraux des Etats-Unis, on observe dans le corpus français une tendance à réduire les arguments *ad hominem*, voire à considérer l'attaque sur la vie privée comme une stratégie dangereuse, tandis qu'il y a un net avantage pour le taux d'arguments privés dans le corpus roumain.

---

suis demeuré touché par les éléments fondamentaux de la croyance et de la morale chrétienne. Je suis plus chrétien et plus dévot que… beaucoup d'autres qui étalent publiquement cette croyance, avec laquelle je pense qu'on ne doit point faire du commerce ou de la propagande politique.
Emil Constantinescu : Vous avez déclaré que vous êtes libre-penseur. Ça veut dire que vous n'êtes pas croyant, donc homme sans Dieu.
Ion Iliescu : Non, ça ne veut pas dire pas croyant. » (trad. AG).

D'autre part, l'appel aux caractérisations personnelles est souvent source d'ironie, parfois contrecarrée par l'adversaire qui rappelle le caractère sérieux du débat électoral.

Les inserts de discours privé représentent aussi une technique pour éviter la réponse tranchante sur un sujet nuisible au candidat, en générant ainsi une réponse vague. Cette stratégie interactionnelle de l'imprécision est inhérente au discours politique, comme remarqué par Jucker *et al.* (2003, 1739), et a pour but l'évitement d'une menace directe sur l'image du candidat.

Corpus

Français :

28/04/1988 = François Mitterrand vs. Jacques Chirac, 2h 16min 35s ; journalistes : Michèle Cotta et Elie Vannier, TF1 et Antenne 2, https://www.yout ube.com/watch?v =M9RyaiuTMVs (20/12/2015).

02/05/1995 = Jacques Chirac vs. Lionel Jospin, 2h 22min 11s ; journalistes : Alain Duhamel et Guillaume Durand, TF1 et France 2, http://fresques.ina.fr/jal ons/fiche-media/InaEdu00167/debat-entre-jacques-chirac-et-lionel-jos pin-en-1995.html (20/12/2015).

02/05/2007 = Nicolas Sarkozy vs. Ségolène Royal, 2h 41min ; journalistes : Arlette Chabot et Patrick Poivre d'Arvor, TF1, https://www.youtube. com/watch?v=K41UAAbMzIg&list=PLEA50FED5CCD30C81 (20/12/2015).

02/05/2012 = Nicolas Sarkozy vs. François Hollande, 2h 56min ; journalistes : Laurence Ferrari et David Pujadas, TF1, https://www.youtube.com/ watch?v=Fhv1VVCRrJY (20/12/2015).

Italien :

15/03/1996 = Silvio Berlusconi vs. Fausto Bertinotti, 1min 43s ; journaliste : Lucia Annunziata, Raitre, https://www.youtube.com/watch?v=kST4 rQG Z51A (20/12/2015).

12/04/1996 = Silvio Berlusconi, Romano Prodi et autres, débat dans le programme télévisé *Linea 3* sur Raitre ; journaliste : Lucia Annunziata, transcription extraite de Gualdo / Dell'Anna (2014, 92–101).

03/04/2006 = Silvio Berlusconi vs. Romano Prodi, 1h 34min 53s ; journalistes : Bruno Vespa (modérateur), pour les questions : Roberto Napoletano (« Il Messaggero ») et Marcello Sorgi (« La Stampa »), Raiuno, https://www. youtube.com/watch?v=PBGv8KpcDgg (20/12/2015).

12/11/2012 = Bruno Tabacci, Laura Puppato, Matteo Renzi, Nichi Vendola, Pierluigi Bersani, 1h 56min 28s, Primaires Centre gauche ; journaliste : Gianluca Semprini, SkyTg24, https://www.youtube.com/watch?v=-cJzpb2SE48 (20/12/2015).

29/11/2013 = Giovanni Cuperlo, Matteo Renzi, Giuseppe Civati, 1h 17min 12s ; primaires pour la fonction de Secrétaire de la coalition du P.D. (Centre gauche) ; journaliste : Gianluca Semprini; SkyTg24, https://www.youtube.com/watch?v =tOPXq8M6pP0 (20/12/2015).

Roumain :

11/11/1996 = Emil Constantinescu vs. Ion Iliescu, 1h 38min 1s ; journaliste : Octavian Andronic, Antena 1, https://www.youtube.com/watch?v=nPuyTrvldac (20/12/2015).

28/11/2004 = Traian Băsescu vs. Adrian Năstase, 2h 44min ; journalistes : Marian Voicu, Cristian Tudor Popescu, TVR 1, https://www.youtube.com/watch?v=nPuyTrvldac (20/12/2015).

03/12/2009 = Traian Băsescu vs. Mircea Geoană 1h 24min 40s ; journaliste : Robert Turcescu, Antena 3, https://www.youtube.com/watch?v=5_jY fnhmMxLI&list=PL5D09EE3D1DD06795 (20/12/2015).

11/11/2014 = Klaus Iohannis vs. Victor Ponta, 1h 23min 30s ; journalistes : Rareş Bogdan ; pour des questions : Lavinia Şandru, Emma Zeicescu, Andra Miron, Denise Rifai, Realitatea TV, https://www.youtube.com/watch?v=nPD CJ9-C2pg (20/12/2015).

12/11/2014 = Klaus Iohannis vs. Victor Ponta, 1h 24min 40s ; journaliste : Mădălina Puşcalău, B1 TV, https://www.youtube.com/watch?v=FEme XGAKt6o (20/12/2015).

Références

Fraser, Bruce (2010) : Pragmatic competence: the case of hedging. Dans : Kaltenböck, Gunther / Mihatsch, Wiltrud / Schneider, Stefan (éds.) : *New Approaches to Hedging*. Bingley (UK) : Emerald Group Publishing, 15–34.

Gingras, Anne-Marie (1995) : L'argumentation dans les débats télévisés entre les candidats à la présidence américaine : l'appel aux émotions comme tactique de persuasion. Dans : *Hermès* 16, 187–200.

Gruber, Helmut (1993) : Political language and textual vagueness. Dans : *Pragmatics* 3:1, 1–28.

Gualdo, Stefano / Dell'Anna, Maria Vittoria (2014) : *La faconda Repubblica: la lingua della politica in Italia (1992–2004)*. San Cesario di Lecce : Manni.

Jucker, Andreas / Smith, Sara / Lüdge, Tanja (2003) : Interactive aspects of vagueness in conversation. Dans : *Journal of Pragmatics* 35, 1737–1769.

Kerbrat-Orecchioni, Catherine (2012) : *Analyser du discours : le cas des débats politiques télévisés*, en ligne. URL : http://www.shs-conferences.org/articles/shsconf/pdf/2012/01/shsconf_cmlf12_000338.pdf/ (28/12/2015).

Prince, Ellen / Frader, Joel / Bosk, Charles (1982) : On hedging in physician-physician discourse. Dans : Di Pietro, Robert (éd.) : *Linguistics and the Professions. Proceedings of the Second Annual Delaware Symposium on Language Studies*. Norwood (NJ) : Ablex, 83–97.

Sperber, Dan / Wilson, Deirdre (1986) : *Relevance: Communication and Cognition*. Oxford : Blackwell.

Tsakona, Willy / Popa, Diana Elena (2011) : An introduction to political humour. Dans : Id. (éds.) : *Studies in Political Humour*. Amsterdam et al. : John Benjamins, 1–30.

Sandra Issel-Dombert / Angela Schrott

Vie privée et peopolisation : l'affaire Hollande-Gayet entre politique et comédie

Abstract: L'affaire Hollande-Gayet prouve que la limite entre la vie privée et la vie publique en politique devient de plus en plus floue en France. L'analyse discursive, basée sur un corpus journalistique, combine des méthodes quantitatives et qualitatives pour démontrer les modèles de la *peopolisation*. Deux analyses sont au centre de notre recherche : une analyse quantitative lexicale et l'analyse qualitative de l'article de *Closer* qui non seulement déclencha l'affaire mais livra également le modèle de son interprétation. Les deux analyses montrent que la *peopolisation* de la politique en France se sert dans une large mesure de modèles littéraires et que c'est surtout la constellation de la comédie qui s'utilise pour la mise en scène de l'affaire Hollande-Gayet.

Keywords: vie publique, vie privée, politique, peopolisation, discours journalistique, scandale, comédie

1. Vie publique et vie privée – les frontières en politique

Ce qui est public et ce qui est privé est régi par des paramètres historiques et culturels – c'est le point de départ de ce recueil qui analyse la langue des deux domaines d'un point de vue linguistico-culturel. Cette dimension spécifiquement culturelle peut aussi se manifester dans le fait que la limite entre le privé et le public n'est pas toujours la même et qu'il s'agit d'une démarcation qui change au cours de l'histoire. Dans de nombreuses sociétés, la norme est, de fait, que les personnes les plus exposées doivent accepter d'être plus présentes dans la vie publique que d'autres car elles servent de modèles ou de miroir de projection pour la société. C'est aussi une fixation historique et culturelle pour savoir qui fait partie de ce groupe de personnes exposées. Tandis que pendant l'absolutisme le lever du roi était un événement hautement public – la cour étant le public – ce domaine de la vie appartient entièrement au domaine de la vie privée pour les politiques de nos jours. De s'introduire dans ce domaine constituerait une transgression inacceptable ou du moins une à justifier. Jusqu'à il y a peu, on pouvait y voir une séparation nette : tandis que les médias (et leurs publics respectifs) concédaient aux personnes exposées appartenant au domaine de la politique une vie intime de famille protégée des yeux du public, les personnes appartenant aux domaines de l'art ou du *showbiz* devaient accepter la révélation de leur vie de famille ou amoureuse comme effet secondaire ou symptôme concomitant de leur célébrité.

L'étude de cas qui fait l'objet de notre contribution montre que cette séparation nette est en train de s'estomper. Les personnes exposées en politique sont de plus en plus traitées comme celles du domaine de l'art et du *showbiz* : la vie amoureuse, la vie de famille deviennent publiques, les politiques l'apprennent à leurs dépens. D'un point de vue politolinguistique, ce mélange du domaine privé et du domaine public reflète le phénomène de la *peopolisation*. C'est un terme récent qui est apparu dans les années 2000 en Angleterre (Dakliah 2007, 259). Pourtant, les racines de ce concept sont plus anciennes et remontent au XIXème siècle (Delporte 2008, 28). Selon Desterbecq (2015, 11), le néologisme *peopolisation* désigne la participation de représentants politiques à des émissions de divertissement aux côtés de *stars* du *show business*, leur mise en vedettes à la une de magazines consacrés aux célébrités aux côtés de leur époux(se) et enfants, les photos prises à la sauvette par quelques paparazzi et révélant leur intimité ou encore la diffusion dans la presse généraliste de textes relevant de la presse échotière. On peut résumer ce genre à la formule d'un « jeu à trois acteurs – hommes politiques, médias, opinion politique » (Delporte 2008, 29) qui contribue à ce que politique et divertissement ne forment pour ainsi dire qu'un.

Dans ce qui suit, notre contribution se focalise sur un cas de *peopolisation* involontaire, la représentation de la vie familiale et / ou amoureuse d'un homme politique dans la vie publique. En janvier 2014, la vie privée du président de la République est au centre de l'intérêt public : le magazine people *Closer* révèle la prétendue liaison entre le chef d'État François Hollande et l'actrice française Julie Gayet, qui menait à la séparation de sa partenaire d'alors, Valérie Trierweiler. Cette affaire est vite connue sous le nom « l'affaire Hollande-Gayet » et fait l'objet d'une attention médiatique considérable (cf. Issel-Dombert 2017). C'est la première fois qu'un magazine people met au centre de la couverture médiatique la vie privée d'un chef d'État français sans son consentement. Ce scandale est d'autant plus remarquable que François Hollande, lors de sa campagne électorale des présidentielles de 2012, avait vivement cherché à se distinguer de son concurrent *bling-bling* trop médiatisé, Nicolas Sarkozy, disant qu'il voulait être un « président normal ».

Le but de notre contribution est d'analyser à travers une approche sur corpus les modèles linguistiques qui sont utilisés dans l'affaire Hollande-Gayet. Après la présentation du corpus et de la méthodologie (§ 2), deux analyses seront au centre de la recherche : une analyse quantitative lexicale et une analyse qualitative qui se rapporte à un texte particulièrement représentatif, l'article de révélation de *Closer* qui a découvert l'affaire et qui est la première publication à ce sujet. Le terme central « scandale » de l'analyse est défini comme construction linguistique et donc comme un sujet de la linguistique pragmatique (§ 3). L'analyse quantitative et qualitative ainsi que ses résultats seront interprétés dans ce cadre (§ 4 et § 5). Les deux analyses montrent que c'est surtout la constellation de la comédie qui s'utilise pour la mise en scène de l'affaire. Le dernier paragraphe (§ 6) s'intéresse à la question de savoir quel effet cette mise en scène comique a ainsi que de savoir comment le comique est fonctionnalisé dans l'affaire Hollande-Gayet.

2. Le corpus

L'analyse des modèles linguistiques dans l'histoire Hollande-Gayet-Trierweiler est basée sur deux corpus différents. Le premier corpus contient des textes de presse et est construit à l'aide de *LexisNexis*. Ce corpus comprend la période d'un mois, à partir du 10 janvier 2014 – la date de la révélation de l'hebdomadaire *Closer* – jusqu'au 10 février 2014. Cela fait 251 articles de la presse française, soit 157.426 occurrences, soit 5327 phrases.

Ce corpus des textes de presse est analysé de manière quantitative avec une approche *corpus-driven* qui permet de développer des hypothèses à base des données du corpus. L'analyse combine des méthodes quantitatives et des méthodes qualitatives. Grâce aux corpus, on extrait des modèles de jugement et d'argumentation qui se trouvent dans l'ensemble des textes, sans pour autant se trouver intégralement dans chacun d'entre eux.

Or, à l'intérieur des discours, il y a des textes qui contiennent l'essentiel des composantes du discours en condensé. Ces textes étant particulièrement pertinents pour tout le discours, Ulla Fix (2015) prend position à faveur de l'analyse du discours qui se concentre uniquement sur ces textes et qui forme ainsi une « analyse du discours-monotextuel » :

> Man kennt aufgrund des eigenen Weltwissens, der eigenen Lektüre-Erfahrungen repräsentative exemplarische Texte von unumstrittenem Gewicht. [...] Zu denken ist hier z.B. an Verfassungstexte, an programmatische philosophische und politische Texte sowie an wissenschaftliche und publizistische Texte, die in der gesellschaftlichen Diskussion einen besonderen Stellenwert haben [...].[1] (Fix 2015, 321)

C'est-à-dire que certains textes sont tellement chargés intertextuellement que leur analyse est probante pour tout le discours. Les textes aussi riches sont souvent ceux

---

1   « De par nos propres connaissances du monde, de nos lectures, nous connaissons des textes exemplaires d'une importance indiscutable. [...] Pensons par exemple aux textes constitutionnels, aux textes programmatiques philosophiques et politiques

qui déclenchent le discours ou bien ceux qui le concluent. Comme dans le cas de l'affaire Hollande-Gayet, le discours déclencheur est facilement reconnaissable et utilisé comme deuxième corpus pour l'analyse. Il s'agit de l'édition spéciale de *Closer*, parue le 10 janvier 2014 et intitulée « L'amour secret du Président ». L'article de révélation, qui comprend sept pages et contient de nombreuses photos, sera soumis à une analyse qualitative qui sert de complément à l'analyse quantitative.

3. Le scandale comme construction linguistique

3.1 Le scandale du point de vue de la linguistique discursive

L'aspect central d'un scandale est qu'il est le produit de toute une chaîne d'actes de communication – un scandale qui ne se promulgue pas, n'en est pas un. Le modèle de base de toute communication « Il y en a un qui dit quelque chose à un autre » est donc constitutif du scandale. Ce qui déclenche la communication c'est le fait que le contenu du scandale est nouveau et inattendu, ce qui crée le besoin de le communiquer. Au niveau du contenu, le scandale doit contenir un aspect nouveau, inattendu et inconnu jusqu'alors qui est découvert à ce moment-là. La caractéristique centrale d'un scandale est sa rupture avec les attentes du public. De nombreux événements remplissent cette dernière condition, de ne pas correspondre aux attentes. Ceci peuvent être des infractions des normes (sociales ou éthiques) de la société ou tout simplement des événements imprévus ou surprenants. Un aspect central du scandale est sa découverte – au sens littéral et figuré. Le scandale n'est que peu ou pas du tout connu au début, ce qui le rend particulièrement intéressant de le raconter (cf. Neckel 1986). Le scandale n'existe que par les actes de communication, de promulgation et le fait d'être (re-)raconté.

La presse et les médias en tant que format d'échanges publics multiplient ces actes de communication de façon particulièrement efficace, car ils s'adressent à un grand public national ou bien même transnational. Ce paramètre du public fait que les scandales se répandent particulièrement bien à travers des moyens de communications publics comme la presse et les médias. Comme les scandales se forment par la verbalisation répétée d'un événement, ils sont toujours perçus par un collectif. Avec l'apparition des médias de masse – surtout des médias numériques – les scandales sont devenus plus intenses et plus amples. La perception collective fait que le scandale entre souvent dans la mémoire collective (cf. Gelz *et al.* 2014, 4–5). Les scandales que le public a suivis de très près

---

ainsi qu'aux textes scientifiques et ceux de la presse écrite qui jouent un rôle particulier le discours public [...] » (trad. Aline Wieders-Lohéac).

ne sont pas des phénomènes éphémères comme on pourrait le croire, mais ils
continuent à exister dans la mémoire collective, de façon plus ou moins visibles,
même après que les médias ont arrêté d'en parler.

Les caractéristiques esquissées du scandale comme événement communicatif forment la base pour notre interprétation du scandale en tant qu'événement
construit par la langue – une interprétation méthodologique qui fait référence
à l'analyse discursive ainsi qu'à la pragmalinguistique qui analyse les actes de
langage dans leurs contextes communicatifs. La particularité du scandale d'être
le résultat d'actes de communication peut être éclaircie à travers l'analyse discursive. L'une des idées principales de la linguistique du discours est que c'est à
travers la langue qu'on comprend le monde et que de parler n'est pas une simple
reproduction du monde, mais que les mots forment et construisent la réalité
qui nous entoure (Gardt 2003, 286 ; id. 2007, 36 ; id. 2013, 34–36 ; Bartels 2015,
63–79). Les constructivistes modérés comme Gardt (ibid.) partent du principe
que les réalités extra-linguistiques existent en tant que telles et que ces réalités sont formées, jugées et construites dans la langue à travers elle. Le degré de
construction linguistique varie. Il y a des faits qui ne permettent que très peu
de jeu pour leur interprétation, comme la météo qui ne parle que de température, d'heures de soleil, de pluie et du vent. L'interprétation et la construction
linguistiques peuvent jouer un rôle quand une température estivale de 30 °C est
plutôt verbalisée comme « temps magnifique pour la baignade » ou alors comme
« canicule ». Mais elle reste toujours soumise aux réalités extra-linguistiques du
genre textuel « météo ». La construction linguistique a une plus grande influence
quand les faits sont étroitement liés à des jugements sociaux ou éthiques et que
les faits n'existent que par la langue. Pour mettre en avant ce côté créateur de
la langue, John Searle fait la différence entre les « brute facts » qui proviennent
de la réalité extra-linguistique et les « institutional facts » qui sont créés par
des actes de langage et des fixations linguistiques, donc, des constructions de
la langue (Searle 1998, 123, 126–127). Les scandales font partie de ce dernier
groupe puisqu'ils naissent à travers leur découverte et l'échange public à propos
d'eux. Dans l'affaire Hollande-Gayet, les « brute facts » sont que le président de
la République a eu une liaison amoureuse secrète avec l'actrice Julie Gayet, qui
a été découverte et rendue publique par la presse. Ce « brute fact » devient un
« institutional fact » grâce à la construction linguistique dans les médias. Si cette
liaison amoureuse n'était pas thématisée par les médias – que ce soit par respect
pour les personnes concernées ou par manque d'intérêt à leur vie privée – il
s'agirait de simples « brute facts ». Les faits existeraient, mais sans être chargés
sémantiquement ou sans être construits ou jugés par et à travers la langue.

Formation et construction linguistiques se basent donc toujours sur un échange public : un « brute fact » attire l'intérêt des actants, est thématisé et devient ainsi – à différent degré – une construction linguistique. Un scandale ainsi défini à l'intérieur de la linguistique du discours ne contient aucune composante éthique, mais se définit uniquement par son contenu attirant, les actes communicatifs collectifs de la promulgation et de la réception et par la composante dominante constructiviste : on construit un fait qui ensuite pourra entrer dans la mémoire collective. L'analyse suivante de l'affaire Hollande-Gayet se base sur ce concept du scandale en tant que « institutional fact » créé par le discours.

3.2 Dire les choses : comment l'affaire Hollande-Gayet est nommée et construite

Il faut un événement jusqu'alors inconnu, extraordinaire, contraire aux attentes pour un compte rendu constructiviste. Quand les médias découvrent un sujet qui pourrait devenir un scandale, ils le traitent d'une manière qui souligne ces caractéristiques. Dans ce qui suit, nous analyserons les dénominations qui s'utilisent pour verbaliser le concept communicatif SCANDALE basé sur le corpus des textes de la presse. Pour donner une représentation précise des catégorisations utilisées dans la presse, nous avons choisi une approche *corpus-driven* et nous analysons quantitativement les dénominations du fait présenté dans le corpus. La première approche quantitative a donc pour objet l'analyse des termes qui désignent la révélation de *Closer.*

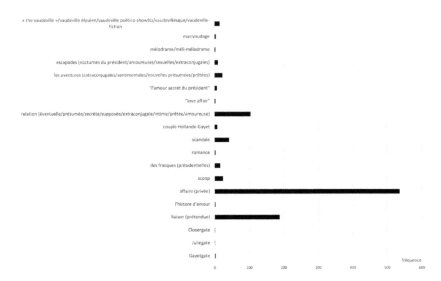

Figure 1 : Les dénominations pour la révélation de *Closer*

Figure 1 montre une vaste gamme de dénominations. Or, il y a quelques dénominations qui ont une fréquence particulièrement élevée. Comme illustré, le plus souvent, il est question d'une *affaire* (507 occurrences), suivi du lexème *liaison* avec 188 occurrences. La troisième position est occupée par le lexème *relation*, qui est accompagné par de nombreux co-occurrents. La question se pose de savoir comment ces dénominations se comportent par rapport au concept SCANDALE et si ces dénominations se situent toutes au même niveau.

On remarquera tout de suite que le lexème *scandale* n'est pas le plus fréquent, c'est le lexème *affaire* qui domine. Le lexème *affaire* est défini de façon générale dans le *Robert méthodique* comme « ce que qqn a à faire, ce qui l'occupe ou le concerne » et ne contient pas de composante érotique en tant que lexème. En revanche, l'une des acceptions du terme contient la découverte de quelque chose qui attire l'attention, d'un événement capable de se transformer en scandale : « scandale ou énigme de nature politique ou policière, et qui fait date dans l'histoire ». En ce qui concerne la limite entre la vie publique et la vie privée, les co-occurrents d'*affaire* dans le corpus sont d'un intérêt particulier (tableau 1) :

Tableau 1 : *affaire* + adjectif

privée	30
publique	3
bonne	2
politique	2
sentimentale	1
palpitante	1
révélée	1
extraconjugale	1
désastreuse	1
récente	1

Le lexème dominant *affaire* est précisé sémantiquement dans 30 des 507 cas par l'adjectif *privée*. Cette combinaison est d'autant plus remarquable quand on voit qu'il n'y a que trois autres adjectifs qui apparaissent plus d'une fois dans le corpus. D'autres adjectifs n'apparaissent qu'une seule fois. Dans ce sens, *affaire privée* est une construction figée qui souligne le caractère privé de la chose, caché du grand public et qui a une sémantique du caché et du secret. Cette mise en valeur du privé forme un contraste marquant avec la divulgation du scandale par la presse. La vie (amoureuse) privée, autrement non-accessible au public, est soulignée comme quelque chose de très privé tout en étant transféré du domaine privé au domaine public. C'est le paradoxe de la presse qui thématise la vie privée qui cesse d'être privée dès sa publication (au sens littéral et figuré) et qui possiblement pourrait « faire date dans l'histoire », comme le dit le *Robert méthodique*.

Le deuxième lexème le plus fréquent dans le corpus est celui de *liaison*, dans le sens de « liaison amoureuse ». D'après le *Robert méthodique* le lexème *liaison* ne connaît pas d'autre acception que celle de « liaison amoureuse » : « (avoir) une aventure amoureuse assez stable ». La haute fréquence du lexème s'explique par sa sémantique érotique qui peut contenir une légère connotation péjorative car une liaison peut interférer avec d'autres relations des actants, comme c'est le cas dans l'affaire Hollande-Gayet (tableau 2) :

Tableau 2 : *liaison* + adjectif

présumée	16
prêtée	7
amoureuse	5
secrète	5
sentimentale	4
supposée	3
cachée	1
extraconjugale	1

Les adjectifs les plus fréquents (*présumée, prêtée*) mettent en avant la sémantique de la supposition, de quelque chose de suspect qui se retrouve aussi dans d'autres adjectifs comme *supposée*. Deux autres adjectifs mettent le caractère secret en avant (*secrète, cachée*). Il n'y a que deux adjectifs qui renforcent l'élément érotique (*amoureuse, sentimentale*), ce qui paraît logique, puisque la *liaison* contient déjà cette composante érotique, même sans cette précision. Un adjectif qui n'apparaît d'ailleurs qu'une seule fois, met en avant le statut de la relation (*extraconjugale*) et ainsi le fait qu'il s'agit d'une liaison qui a lieu en même temps qu'une relation (sérieuse).

Le terme le plus neutre parmi les trois termes les plus utilisés est le lexème *relation* dont la sémantique lexicale ne se rapporte pas forcément à une relation amoureuse. Cette interprétation ne se fait que dans le contexte, que ce soit par le texte complet qui parle de l'affaire ou que ce soit par la combinaison avec des adjectifs précisant le caractère amoureux de la relation. Le tableau suivant nous montre les adjectifs les plus fréquents :

Tableau 3 : *relation* + adjectif

supposé(s), supposée(s)	69
secret(s), secrète(s)	32
présumé(s), présumée(s)	28
prêté(s), prêtée(s)	23
intime(s)	21
éventuel(s), éventuelle(s)	18
extraconjugale(s)	13
amoureuse	8

Les adjectifs les plus fréquents sont *supposée, secret(s)* et *présumée*. Ce sont des adjectifs qui mettent en avant l'idée de supposition, de choses suspectes et secrètes. Les adjectifs comme *intime(s), extraconjugale(s)* et *amoureuse* qui mettent plutôt la composante érotique de la relation en avant sont bien plus rares. On remarquera aussi qu'il n'y a que trois lexèmes qui s'intéressent au caractère affectif de la relation : *intime(s), extraconjugale(s)* et *amoureuse*. Tandis qu'*amoureuse* et *intime* sont neutres, la notion *extraconjugale* indique claire-ment qu'il ne s'agit pas d'un mariage et que cette relation interfère avec un couple marié ou avec une union qui existe déjà. Les autres adjectifs se concentrent plus sur l'aspect de la supposition et du secret et ainsi aussi sur son dévoilement qui est un élément constitutif pour le concept du scandale.

Nous retrouvons cette idée du hors-normes dans les lexèmes *escapades, frasques* et *aventures*. La collocation *l'amour secret du président* est un exemple pour une collocation qui indique une relation romantique en cachette. La sémantique de la relation amoureuse contient aussi de nombreux autres lexèmes bien moins courants, comme *romance, histoire d'amour, love affair* ou bien la collocation *l'amour secret du président,* comme nous l'avons vu ci-dessus, et qui est employé assez fréquemment malgré sa longueur et lourdeur. Ainsi, les lexèmes les plus fréquents soulignent une dimension affective-amoureuse, un trait caractéristique du discours *people,* qui est fondé sur l'affect (cf. Dakhlia 2007, 262).

En dehors des dénominations de la relation entre Hollande et Gayet on peut constater que la révélation de *Closer* est modelée explicitement comme un *scan-dale*. D'abord, nous retrouvons très fréquemment le mot *scandale* qui apparaît 42 fois. L'événement est donc caractérisé comme quelque chose d'extraordi-naire qui arrive contre toute attente. La composante érotique n'est pas contenue dans le lexème *scandale* et ne se forme que dans le contexte en tant que sens textuel. Outre la fréquence du lexème *scandale*, l'élément scandaleux entre en ligne à travers la formation de mots avec *-gate*. Nous trouvons les mots composés *Juliegate* et *Closergate*, *Le Monde* parle de *Gayetgate*. Les compositions se font avec le suffixoïde *-gate* et le nom de la protagoniste *Julie Gayet* ou du magazine qui a rendu l'affaire publique, *Closer*. Ces néologismes tirent leur origine de l'anglo-américain *Watergate*, dénomination d'une affaire d'espionnage politique qui a fait tomber Nixon dans les années soixante-dix. Ce scandale mondialement connu est à l'origine de nombreuses formations de mots, en anglais comme dans d'autres langues, surtout dans le domaine politique. Même si dans ces néologismes *Juliegate*, *Gayetgate* – remarquez l'allitération – et *Closergate* le lexème même *scandale* n'apparaît pas, cette nouvelle formation nous fait automatiquement associer le cas présent au scandale politique *Watergate* qui, à son époque, déclencha un tremblement de terre politique.

Ce qui est remarquable, c'est que le mot *scandale* opère à un autre niveau que les autres lexèmes mentionnés. Car tandis que les lexèmes *liaison* et *relation (amoureuse)* font partie du champ sémantique de l'amour et que la sémantique du scandale n'apparaît qu'à différents degrés et n'est pas l'élément essentiel, c'est le contraire dans le cas du lexème *scandale* : ce qui domine ici, c'est la valorisation d'une action comme violation des normes sociales, culturelles ou éthiques ; le concept de relation amoureuse n'est pas inclus dans la sémantique du mot *scandale* et n'apparaît que dans et par le contexte. Ainsi, le lexème *scandale* se situe à un niveau plus abstrait et catégorise plus nettement la relation amoureuse que les autres dénominations. *Affaire, relation, romance* & Cie en tant que désignations pour une relation érotique fournissent donc le « contenu » pour le concept du scandale. Ainsi *affaire, relation, romance* représentent-ils un certain type de *scandale* et ne sont pas au même niveau que le terme *scandale* qui opère la catégorisation. Cet aspect très constructiviste du scandale se montre aussi dans la discussion sur le dévoilement par les médias qui emploient régulièrement le terme technique *scoop* qui désigne une « nouvelle importante dont le journaliste a l'exclusivité » (le *Robert méthodique*).

Pour résumer, l'étiquetage du « brute fact » montre que le concept du scandale se construit à travers les lexèmes très fréquents qui contiennent la sémantique du scandale. Cela peut être le lexème *scandale* même, mais il y a aussi d'autres termes comme *liaison* ou *amour secret* qui forment ce concept. Un autre phénomène intéressant dans la dénomination est le groupe de termes provenant de la littérature et de la comédie comme *mélodrame* (2 occurrences), *vaudeville* (14 occurrences) et *marivaudage* (4 occurrences). L'importance de cet aspect sera démontrée pendant l'analyse suivante.

4. La mise en scène dans le corpus : l'approche quantitative

La question centrale est : comment le modèle du scandale est-il chargé sémantiquement dans le corpus ? Pour y répondre, une analyse quantitative du lexique paraît prometteuse. On se focalise sur les mots-clés du corpus. Stubbs (2010, 25) définit les mots-clés de la manière suivante : « Keywords are words which are significantly more frequent in a sample of texts than would be expected, given their frequency in a large general corpus ». L'analyse de mots-clés a pour but de découvrir les concepts les plus importants dans un corpus (cf. Felder 2015, 104). Dans le cadre de cette contribution, les mots-clés s'identifient grâce au programme *sketch engine*. Le point de départ pour l'extraction des mots-clés est une comparaison entre deux corpus à travers une formule d'extraction. La formule d'extraction met la fréquence des occurrences des deux corpus comparés en relation et permet ainsi d'identifier un « score keyness » qui sert à un ranking des mots-clés :

$$keyness = \frac{fpm_{focus} + n}{fpm_{ref} + n}$$

La formule $f\,pm_{focus}$ du numérateur désigne la fréquence normalisée (sur 1000) d'une occurrence du propre corpus, donc du corpus de presse écrite. La formule $f\,pm_{ref}$ du dénominateur désigne la fréquence normalisée (sur 1000) d'une occurrence dans le corpus de comparaison. Pour la comparaison, nous avons choisi le corpus *Europarl* (*European Parliament Proceedings Parallel Corpus*), un corpus préexistant sur *Sketch Engine* qui permet de comparer le même univers discursif, c'est-à-dire le monde politique. Le n contenu et dans le numérateur et dans le dénominateur dépend de l'intérêt de l'investigateur : plus n est petit, plus les mots extraits sont rares, plus n est grand, plus les mots sont fréquents (Kilgariff 2012, 5–6). Pour trouver les mots-clés récurrents et donc typiques du discours du scandale, n est fixé à 100 dans la présente étude.

Premièrement, les résultats d'extraction sont classifiés syntaxiquement. En somme, *Sketch Engine* a identifié 85 noms, dont 49 noms propres, 3 verbes et 3 adjectifs. On remarque le nombre élevé de noms propres, ce qui montre qu'il s'agit d'un scandale très centré sur les personnes, des personnes concrètes dont on connaît le nom. Dans un deuxième temps, les résultats de *Sketch Engine* sont classifiés par champs sémantiques, selon la logique qu'impliquaient les données, c'est-à-dire qu'il s'agit d'une approche sur corpus. Cette classification sémantique est illustrée par la figure 2.

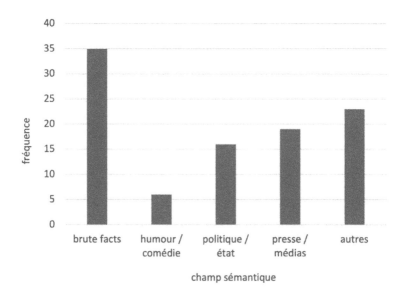

Figure 2 : Classification sémantique des résultats d'extraction

Une remarque méthodique : la catégorie « autres » qui prend la deuxième place n'est pas prise en compte puisque l'identification des mots-clés demande des champs sémantiques formés par des groupes thématiques. La catégorisation des mots-clés par groupes thématiques montre une prédominance du champ sémantique « brute facts ». Nous y trouvons les dénominations des personnes, des endroits et des objets, comme p. ex. *trierweiler, valérie, julie, françois, appartement, segolène, scooter*. Ainsi, ce champ sémantique unit les « brute facts » de l'affaire. Dans cette rubrique, les mots-clés sont liés métonymiquement les uns aux autres, ce sont des co-hyponymes comme *casque, scooter, appartement, immeuble* etc. Le champ sémantique « presse / médias » est en deuxième position. Les lexèmes les plus fréquents sont ceux qui se rapportent aux médias ou aux publications dans la presse (écrite) et dans les autres médias, comme p. ex. *closer, édition, paparazzi, magazine, figaro, kiosque*. La sphère de la « politique / état » fait également partie des champs sémantiques les plus importants – on s'y attendait. Ce qui est plus surprenant, c'est que la catégorie « humour / comédie » forme un champ sémantique à lui seul.

L'interprétation de la classification sémantique montre que l'analyse quantitative nous apporte des résultats plus ou moins attendus. Il est peu surprenant que les protagonistes de la liaison ainsi que les endroits où elle a lieu apparaissent souvent dans notre corpus. Il en est de même du domaine de la « politique / etat », compte tenu du rôle politique du protagoniste masculin. En revanche, nous ne nous attendions pas à ce que le domaine « presse / médias » soit si fréquent. Qu'un scandale raconte toujours sa propre histoire et que les médias parlent de leur rôle dans cette affaire, c'est normal, mais que ce soit si souvent et de façon si détaillée, c'est remarquable. Le fait même que les médias aient dévoilé l'affaire est une partie essentielle de l'histoire et les médias mettent clairement en avant leur importance dans cette découverte.

Une autre découverte surprenante est le champ sémantique du comique avec les mots-clés *sketch, humoriste* et *daft punk*. Ce champ sémantique met en lumière les diverses représentations comiques du scandale (cf. Issel-Dombert 2017). Cette découverte correspond au fait que les *keywords* du domaine de la morale et de l'éthique ne soient pas beaucoup représentés. Sachant qu'une liaison amoureuse d'un homme vivant en couple est quelque chose qui questionne la morale, il n'aurait pas été étonnant que cela fasse partie des champs sémantiques les plus fréquents, mais l'analyse du corpus n'a pas vérifié cette hypothèse.

L'évaluation quantitative nous mène à deux conclusions également convaincantes. Premièrement, l'hypothèse que dans l'affaire Hollande-Gayet le rôle des médias en tant que facteur de mise en lumière est thématisé de manière particulière et excessive et que la presse se met en scène elle-même en tant qu'actrice. En second lieu, l'hypothèse que l'affaire est mise en scène de façon à mettre de côté l'aspect moral. Elle se sert d'autres modèles de narration. Dans l'analyse qualitative à suivre nous verrons un tel modèle qui se sert d'une constellation constitutive de la comédie. Le scandale s'est transformé en représentation comique et n'est pas perçu à travers la morale. Nous allons voir si et comment l'affaire est rendue comique et comment elle est mise en scène.

5. Analyse qualitative : entre politique et comédie

Comme nous l'avions dit au début, dans un discours on trouve certains textes qui sont tellement chargés intertextuellement que leur analyse est probante pour tout le discours (cf. Fix 2015). Dans l'affaire Hollande-Gayet le texte qui a déclenché l'affaire est caractérisé par une telle richesse discursive. Pour cela, l'analyse qualitative se centre sur l'édition spéciale de *Closer*, apparue le 10 janvier 2014 avec l'article « L'amour secret du Président » en une. Cet article de révélation sera soumis à une analyse qualitative qui sert de complément à l'analyse quantitative. L'article, qui comprend 7 pages, contient de nombreuses photos de sorte qu'il constitue un texte hautement multimodal. Les proportions image – texte sont telles qu'on pourrait presque parler d'une bande dessinée annotée et commentée, plutôt que d'un texte illustré. Le texte et les images mettent en scène l'affaire comme liaison amoureuse et recourent à la constellation littéraire de la comédie qui est le modèle dominant de la présentation de l'affaire.

Une des structures de base de la comédie est celle de la liaison amoureuse secrète. Le secret est souvent dû au fait que les parents ont d'autres idées sur le mariage et c'est ce que les amoureux essayent de contourner, ou alors parce que l'un des deux (ou les deux) est déjà marié et que l'affaire ne doit pas se savoir. Tandis que de telles constellations sont des conflits insolvables dans les tragédies, ces mêmes scénarios finissent bien dans les comédies – ne serait-ce que parce que le père accepte de marier sa fille alors qu'il l'avait refusé au début, ne serait-ce que parce que l'homme ou la femme ayant commis l'adultère tombe à nouveau amoureux de son époux et qu'il y ait de nouveaux couples légitimes. Les complices font aussi partie de la comédie, ils soutiennent les amoureux secrets. Ce sont souvent les bonnes et les serviteurs qui remplissent cette fonction, ils cachent l'amant, gardent le secret en mentant ou en détournant l'attention. Cacher et déguiser sont les stratégies typiques des amoureux : les rendez-vous en cachette, les rendez-vous déguisés.

Vu de cette perspective littéraire, les protagonistes de l'affaire Hollande-Gayet sont pris dans une constellation de comédie : un homme qui va voir sa maîtresse incognito et en secret et trompant ainsi sa compagne qui probablement ne se doute de rien. Cette constellation des personnages représente un schéma universel de la comédie, que ce soit la *Commedia dell'Arte* ou le théâtre du boulevard dans la tradition de Feydeau. De plus, les amoureux ont des complices, le garde du corps comme aide, le chauffeur et l'assistante qui facilitent et protègent le rendez-vous en cachette. Ce qui est intéressant c'est que la concentration totale sur le couple d'amoureux dans le texte modifie la réalité extralinguistique. Car dans la réalité il s'agit d'une relation triangulaire dans laquelle l'amant trompe sa partenaire légitime – Valérie Trierweiler – avec une autre. Cette constellation triangulaire pourrait être utilisée de façon comique dans l'article de *Closer*, en rendant la cocue comique. Mais Valérie Trierweiler n'apparaît pas en tant que cocue dans l'article. Cela rend le couple d'amoureux sympathique, car nous n'avons pas le point de vue de la personne trompée qui pourrait quelque peu troubler l'image.

Quand nous regardons la présentation de l'affaire dans *Closer*, surtout les grandes photos qui marquent certains moments de l'affaire, on se rend compte que la présentation multimodale prend de fortes références au genre de la comédie et au monde du théâtre. Ainsi, le schéma narratif de l'article est celui de la rencontre en secret des amoureux. Les protagonistes arrivent séparément, passent la nuit ensemble et repartent séparément le lendemain. Les deux protagonistes ont quelqu'un qui les aide. Hollande est accompagné par quelqu'un pour aller à l'appartement et en revenir, il y a deux photos qui montrent un garde-du-corps, soucieux de la sécurité du couple – et de leur bien-être en général, quand il leur apporte les croissants le matin. La femme a une confidente qui l'aide, elle aussi : on voit l'assistante de Julie Gayet sur une des photos quand elle quitte le bâtiment. Si nous transmettons cela dans la grammaire de la comédie, le chauffeur, le garde-du-corps et l'assistante sont les serviteurs des amoureux qui protègent leur maître respectif ; ce sont souvent eux qui rendent l'amour secret ainsi que sa bonne fin possible.

Les éléments du déguisement et du dévoilement sont très présents aussi. Il y a plusieurs photos qui montrent Hollande avec un casque qu'il porte non seulement sur la moto, mais déjà en se dirigeant vers sa moto (image 1). Le casque lui sert de masque, de déguisement. C'est révélateur que l'identité de l'amant, Hollande, soit dévoilée grâce à un vêtement aussi : une chaussure faite sur mesure qu'il porte encore après ce rendez-vous lors des événements officiels.

Image 1 : Le déguisement (*Closer* no. 448, 10 janvier 2014)

A part les constellations des personnages de la comédie, il y a aussi des constellations typiques du théâtre dans les articles. Il y a de nombreuses photos qui montrent l'arrivée (donc l'entrée en scène) et la sortie des protagonistes quand ils arrivent ou quand ils quittent l'appartement (image 2). Cette présentation rappelle l'entrée en scène et la sortie de scène au théâtre et produit un effet double. D'abord, les actions rapides sont typiques des comédies, les personnages se loupent de peu, se poursuivent, essayent en vain de se rencontrer. Ensuite, ces images rappellent la scène et le théâtre : l'affaire est mise en scène comme une pièce de théâtre que *Closer* aurait écrite et proposée au lecteur qui prend place comme au théâtre pour voir la comédie et s'amuser.

Image 2 : Entrée et sortie de scène (*Closer* no. 448, 10 janvier 2014)

Cette métaphore du théâtre se poursuit à travers toutes les images qui présentent le point de vue d'un spectateur qui observe l'action sur scène depuis sa loge. Cette optique de l'action est également proposée aux lecteurs de *Closer* qui regardent l'intrigue comme s'ils étaient au théâtre : les photos prennent une perspective qui transforme le trottoir en scène. Les lecteurs de *Closer* ont pour ainsi dire les meilleures places au spectacle.

La comédie ainsi que sa constellation avec les amoureux secrets, son personnel et la mise en scène théâtrale nous indiquent comment lire cette affaire. La métaphore du théâtre et la fictionnalité qui va de pair avec cela font que l'affaire ne paraît pas comme une affaire d'État, une affaire officielle sérieuse, mais cela lui donne un caractère enjoué et une certaine légèreté. Le fait qu'il n'y ait pas de jugement moral souligne cet effet : on n'est pas en train de dévoiler une affaire qui dénoncerait l'homme à la tête du pays comme quelqu'un d'amoral ou du moins avec peu de morale. Comme dans une comédie les sympathies du public sont du côté des amoureux, l'article de *Closer* influence ses lecteurs dans cette même direction, surtout en présentant de façon très positive la jeune et belle amoureuse. La présentation de l'affaire comme s'il s'agissait d'une comédie est la même dans tous les médias. Dans l'analyse des *keywords* utilisés dans la presse, il y a des références explicites à la comédie et à certains types de comédie. L'affaire est décrite comme *vaudeville* (14 occurrences) ou comme *marivaudage* (4 occurrences), même comme *mélodrame* (2 occurrences). Ces dénominations montrent que les auteurs font des références directes aux modèles littéraires et qu'ils présupposent ces connaissances chez leurs lecteurs. Le terme *marivaudage* fait référence aux comédies de Marivaux, aux conversations galantes entre homme et femme, mais ici, le terme est employé dans le sens de relation galante, érotique. Or, le terme *vaudeville* est beaucoup plus parlant et c'est d'ailleurs celui qui apparaît le plus souvent (14 fois en tout). Le théâtre de vaudeville est caractérisé par la comédie d'intrigue qui met en relief des sujets qui traitent l'univers quotidien parisien. La révélation de l'adultère ou la découverte de la liaison amoureuse secrète est une matière typique du vaudeville (Matthes 1983, 79). Comme l'affaire est étroitement liée à la ville de Paris et au siège du gouvernement et que les personnes sont étroitement liées à Paris, le personnel correspond au schéma du vaudeville. Il est intéressant de voir que le terme *vaudeville* apparaît plusieurs fois dans la presse. Même les médias phares parlent du « vaudeville » dans le contexte du Gayetgate. *Le Figaro* parle de « vaudeville français » (13/01/2014) ; *Le Monde* a publié le 13 janvier 2014 un article parlant d'un « vaudeville élyséen » et *L'Express* a choisi la formule « un vaudeville politico-showbiz » (15/01/2014). Il est remarquable que la catégorisation en tant que « vaudeville » se trouve en position proéminente, comme dans le titre. Il

faut souligner que les titres ne contiennent pas simplement les protagonistes du
scandale, ils indiquent directement le modèle d'après lequel il doit être inter-
prété. Ainsi, les titres fonctionnent comme un filtre qui indique au lecteur comment comprendre l'article. Une des raisons pour laquelle le *vaudeville* apparaît
si souvent est certainement que le terme fait partie du lexique quotidien et qu'il
est fréquemment employé comme synonyme pour un événement comique plein
d'intrigues et de retournements inattendus (cf. *Robert méthodique* : « comédie
légère et divertissante, fertile en intrigues et rebondissements »).

Le schéma de la comédie lui aussi est connu, du moins, ses éléments principaux, chez tous les lecteurs, cela fait partie de la mémoire culturelle collective.
Il ne s'agit pas de connaissances scientifiques de la littérature ou de l'histoire
littéraire, mais uniquement de connaître le modèle de base. Ces connaissances
peuvent autant être acquises en lisant Molière qu'en regardant une comédie à
la télévision. On peut donc partir du principe qu'une grande partie des lecteurs
connaissent ces schémas. Mais même si les lecteurs ne les reconnaissent pas, ce
qui importe est que la réception guide l'affaire qui est coulée dans le moule de
la comédie.

6. Les effets comiques et leurs fonctions

Le président de la République a une liaison amoureuse avec une actrice bien
plus jeune que lui. Cette affaire est dévoilée et fait la une des médias pendant
des semaines. Un tel dévoilement se prête parfaitement à une comédie ou tra-
gédie. A une certaine époque ou dans certaines communautés culturelles et
politiques un tel événement mettrait fin à la carrière d'un homme politique.
On pourrait s'imaginer qu'on exige sa démission à cause de son comportement
ou alors qu'il doive s'excuser en public pour son comportement et faire acte de
repentance. Et, bien sûr, il devrait cesser de rencontrer son amoureuse pour
retrouver son intégrité morale et pour garder son poste. L'élément de la morale
n'existe pour ainsi dire pas dans l'affaire Hollande-Gayet. La presse suit les événements politico-privés avec curiosité, mais se prive de tout jugement moral.

Le fait que les médias puissent faire ces références à la comédie montre
bien que la présentation de l'histoire d'amour se base sur un format et une
constellation connus par tous les lecteurs. Ce mélange de l'affaire avec le genre
« comédie » montre qu'un scandale ne devient pas simplement une partie de la
mémoire collective, mais que dans sa genèse, lui aussi a recours à cette mémoire
collective. Les téléspectateurs ou lecteurs connaissent le déroulement typique
de la comédie – même sans avoir fait des études littéraires – de la télévision
ou des films parce que ce savoir fait partie de la mémoire collective culturelle

européenne. En ayant recours à des modèles typiques, les nouveaux événements s'intègrent bien dans le cadre des connaissances préexistantes, et se retiennent plus facilement.

Mais ce mélange a d'autres effets aussi. La comédie nous donne le schéma de l'amour en cachette que le public suit avec beaucoup de sympathie pour le couple : on ne souhaite que du bonheur au couple d'amoureux et on se réjouit quand le père entêté permet le mariage et que les amoureux peuvent monter sur scène habillés en mariés. Et cette sympathie que le public porte au couple d'amoureux dans les comédies est reportée sur le couple Hollande-Gayet – du moins en partie. On se moque un peu de Hollande avec son casque et l'appelle *daft punk*, en revanche Julie Gayet est présentée comme la jeune et belle amante. La formule « plutôt une comédie qu'un prêche moral » paraît avantageuse pour le couple. On ne parle pas de trahison ou d'abus de confiance par rapport à sa compagne Valérie Trierweiler. Le bonheur du couple est au centre de l'attention, le lecteur le suit jusqu'au pas de la porte.

Or, la solidarité pour « l'amour secret du président » n'est qu'un aspect du côté comique. Car le schéma de la comédie a encore une autre fonction qui n'a pas un effet atténuant ou diminuant. Même si le dévoilement est fait de façon sympathique et comique : il s'agit d'une atteinte à la vie privée qui est particulièrement grave concernant le président de la République et qui peut même avoir sa suite en justice. *Closer* est conscient d'avoir poussé les frontières entre ce qui est privé et ce qui est public, d'autant plus que l'article 9 du Code civil protège explicitement la vie privée. Comme défense, *Closer* mentionne d'autres rapports des médias qui, eux aussi, transgressent cette frontière, ainsi que le raisonnement peu convaincant que la sécurité du président était en danger à cause de cette affaire et qu'il fallait rendre public cette brèche dans la sécurité. Mais ce ne sont que de faibles arguments dont *Closer* n'a d'ailleurs pas besoin car il a trouvé une meilleure justification encore pour la publication et cette transgression. Cette structure argumentative subtile n'est mentionnée nulle part, elle est là tout simplement, un schéma implicite et d'autant plus puissant : ce qui fonctionne comme une comédie, peut être traité comme une comédie. Et comme la comédie est une affaire publique de laquelle on rit ouvertement avec les autres spectateurs, on a le droit de s'amuser aux dépens du personnage comique représenté par le président. Les tendances actuelles de la *peopolisation* et la justification de *Closer* ne sont que marginales pour la présentation de l'affaire : ce qui est au centre, c'est la comédie et le schéma de la liaison amoureuse secrète qui profite de la solidarité du public. La présentation de cette histoire semble épargner les aspects les plus privés de la vie ; mais quand on regarde de plus près (comme le titre du magazine nous invite à le faire), ils sont néanmoins rendus publics, et le lecteur suit le couple jusqu'au pas de la porte de la chambre. *Closer* met en scène une comédie à double sens qui non seulement dévoile un secret, mais qui montre aussi comment on masque de façon comique une transgression de la frontière entre le public et le privé.[2]

Corpus

Closer no. 448, 10 janvier 2014.

Corpus de textes de presse via *Lexisnexis*

URL : http://www.lexisnexis.com/en-us/gateway.page, 10/01/2014-10/02/2014.

Références

Bartels, Marike (2015) : *Kampagnen — Zur sprachlichen Konstruktion von Gesellschaftsbildern* (Sprache und Wissen, 20). Berlin et al. : de Gruyter.

Dakhlia, Jamil (2007) : People et politique : un mariage contre nature ? Critères et enjeux de la peopolisation. Dans : *Questions de communication* 12, 259–278.

Delporte, Christian (2008) : Quand la peopolisation des hommes politiques a-t-elle commencé ? Le cas français. Dans : *Le Temps des médias* 1, 27–52.

Desterbecq, Joëlle (2015) : *La peopolisation politique – Analyse en Belgique, France et Grande-Bretagne*. Louvain-la-Neuve : de Boeck Supérieur.

Felder, Ekkehard (2015) : Lexik und Grammatik der Agonalität in der linguistischen Diskursanalyse. Dans : Kämper / Warnke, 87–121.

Fix, Ulla (2015) : Die EIN-Text-Diskursanalyse. Unter welchen Umständen kann ein einzelner Text Gegenstand einer diskurslinguistischen Untersuchung sein?. Dans : Kämper / Warnke, 317–333.

Gardt, Andreas (2003) : Sprachwissenschaft als Kulturwissenschaft. Dans : Haß-Zumkehr, Ulrike / König, Christoph (éds.) : *Literaturwissenschaft und Linguistik von 1960 bis heute*. Göttingen : Wallenstein, 271–288.

Gardt, Andreas (2007) : Diskursanalyse. Aktueller theoretischer Ort und methodische Möglichkeiten. Dans : Warnke, Ingo (éd.) : *Diskurslinguistik nach Foucault. Theorie und Gegenstände*. Berlin et al. : de Gruyter, 28–52.

Gardt, Andreas (2013) : Textanalyse als Basis der Diskursanalyse. Theorie und Methoden. Dans : Felder, Ekkehard (éd.) : *Faktizitätsherstellung in Diskursen. Die Macht des Deklarativen*. Berlin et al. : de Gruyter, 29–55.

---

2   Nous tenons à remercier très vivement notre collègue Aline Wieders-Lohéac (Stuttgart) pour la révision stylistique de notre article.

Gelz, Andreas / Hüser, Dietmar / Ruß-Sattar, Sabine (2014) : *Skandale zwischen Moderne und Postmoderne – Interdisziplinäre Perspektiven auf Formen gesellschaftlicher Transgression*. Berlin et al. : de Gruyter.

Issel-Dombert, Sandra (2017) : « M. le Président, la prochaine fois, évitez le scooter ». Zur Parodierung von Skandalen in der Werbekommunikation im Web 2.0. Dans : *Zeitschrift für Angewandte Sprachwissenschaft* 1, 1–21.

Kämper, Heidrun / Warnke, Ingo H. (éds.) (2015) : *Diskurs – interdisziplinär. Zugänge, Gegenstände, Perspektiven* (Diskursmuster – Discourse Patterns 6). Berlin et al. : de Gruyter.

Kilgariff, Adam (2012) : Getting to know your corpus. Dans : Horák, Aleš / Kopeček, Karel Pala / Sojky, Petr (éds.) : *Text, Speech, Dialogue. 15th International Conference, Brno September 3-7*. Berlin : Springer, 3–15.

Le Robert méthodique (1990). Paris : Dictionnaires Le Robert.

Matthes, Lothar (1983) : *Vaudeville. Untersuchung zu Geschichte und literatursystematischem Ort einer Erfolgsgattung* (Studia Romanica, 52). Heidelberg : Winter.

Neckel, Sighard (1986) : Das Stellhölzchen der Macht : zur Soziologie des politischen Skandals. Dans : *Leviathan* 14, 581–605.

Searle, John R. (1998) : *Mind, Language, and Society. Philosophy in the Real World*. New York : Basic Books.

Stubbs, Michael (2010) : Three concepts of keywords. Dans : Bondi, Marina / Scott, Mike (éds.) : *Keyness in Texts*. Amsterdam et al. : Benjamins, 21–42.

Verena Weiland

La constitution linguistique des domaines du *privé* et du *public* dans le discours sur la surveillance et la sécurité – Analyser des changements au gré des événements et des acteurs politiques[1]

Abstract : Les limites entre domaine privé et domaine public jouent des rôles divers dans des discours actuels en France et sont étroitement liées à l'enjeu de garantir la confidentialité des données privées. La transmission des données personnelles est souvent vue comme une atteinte à la vie privée par les utilisateurs des portails Web comme Facebook ou Instagram. En même temps, la communication par mail ou smartphone qui suit normalement d'autres intentions que la maintenance d'un profil Facebook, est également concernée. En analysant le discours médiatique au sujet de la surveillance à l'aide d'un corpus constitué des articles de presse, on constate que les concepts du *privé,* du *personnel,* du *public* et de *l'officiel* représentent des domaines souvent constitués différemment selon les acteurs. L'objectif sera de présenter des phénomènes linguistiques qui servent à constituer et à délimiter – souvent de manière différente – les deux domaines du privé et du public sur la base d'articles publiés en France lors de trois événements précis.

Keywords: domaine privé, domaine public, discours médiatique, surveillance, sécurité

1. Les domaines du privé et du public comme sujet controversé dans le discours sur la surveillance et la sécurité en France

Les limites entre domaine privé et domaine public constituent un sujet fortement discuté dans le contexte des débats autour des avantages et des inconvénients du web. La transmission des données personnelles est souvent considérée comme une atteinte à la vie privée par les utilisateurs des portails web comme *Facebook* ou *Instagram*. En même temps, la communication par mail ou smartphone, qui poursuit normalement d'autres buts que la maintenance d'un profil sur un réseau social, ne semble pas non plus être un espace fermé garantissant la confidentialité des données privées. C'est Edward Snowden qui a été à l'origine des révélations concernant la sauvegarde et l'écoute secrète des données par la

---

1 Tous les sites Internet mentionnés dans l'article étaient en ligne et à jour jusqu'à la correction de l'épreuve de l'article en 2020.

National Security Agency (NSA) américaine en juin 2013. Collectant non seulement les données des personnes privées, mais également de divers hommes
politiques et des acteurs dans les secteurs de l'industrie du monde entier, les
États-Unis sont tombés en disgrâce auprès de pays partenaires, comme par
exemple la France ou l'Allemagne. « Ces révélations ont suscité le scepticisme
des principales puissances européennes » a ainsi constaté *Le Parisien* en août
2013. Les révélations ont provoqué de vives critiques et de surcroît une discussion des concepts de la 'protection des données', du 'confidentiel' ainsi que du
'privé' et du 'public'.

Dans une perspective diachronique, force est de constater que ce sont les
mêmes concepts qui font débat après les attaques terroristes en France de
janvier et novembre 2015. Cette fois, on établit un lien entre ces aspects et la
question de la sécurité. Les discussions ne touchent pas seulement le sujet de
la vidéosurveillance de l'espace public, mais également l'enregistrement des
données personnelles dans l'espace virtuel, lors d'achats ou de réservations de
voyages en ligne. La légitimation de la sauvegarde et transmission des données
se fait dès lors au nom des mesures de sécurité et de protection des vies privées :

> Mais les attentats de Paris du 13 novembre, qui ont remis sur le devant de la scène la
> lutte contre le terrorisme, ont donné un coup d'accélérateur inespéré. Après plus de
> cinq années d'intenses et difficiles négociations, les députés et gouvernements euro-
> péens sont sur le point de faire passer un texte qui permettra aux États de s'échanger
> des données sur les passagers aériens. C'est le fameux Passenger Name Record (PNR)
> jugé indispensable à la lutte contre le terrorisme. Mais qui nécessite également de
> trouver un équilibre délicat entre le renforcement de la sécurité et le respect de la vie
> privée et de la protection des données. (*Le Figaro Économie*, 05/12/2015)

Les concepts du 'privé' et du 'public' représentent des domaines constitués différemment selon les acteurs et les contextes. Analysant la dimension privée du
point de vue des sciences de la communication, Grimm / Krah (2015, 7–18)
mettent en évidence trois dimensions (« Ebenen der Perspektive auf ‹ Privatheit
› ») : premièrement la perspective de la part des acteurs, plus exactement des
utilisateurs du web, deuxièmement celle des entreprises et troisièmement la
perspective diachronique, du point de vue de l'histoire des idées. Cette dernière
met en avant le changement structurel du domaine privé par l'évolution des
technologies de surveillance, du cadre juridique relatif à la protection des données, des événements comme les révélations par Edward Snowden ou l'importance croissante du *Big Data*.[2] Même si notre analyse porte en priorité sur des

---

2   Le *Big Data* est une notion anglaise pour désigner des *mégadonnées* ou *données mas-*
    sives. Il s'agit des « [d]onnées structurées ou non dont le très grand volume requiert

questions linguistiques, donc sur la manière dont se constituent les domaines du public et du privé dans le discours de la sécurité et de la surveillance, toutes ces dimensions sont pertinentes. L'objectif sera de présenter des phénomènes linguistiques qui servent à saisir et à délimiter ces deux domaines sur la base d'articles publiés dans des journaux et des revues en France lors de trois événements précis. Ceux-ci sont :

(I)   les révélations par Edward Snowden en juin 2013,
(II) les attaques terroristes dans la rédaction de Charlie Hebdo à Paris en janvier 2015 et
(III) les attentats également à Paris le 13 novembre 2015.

Les notions de *privé* et *public* seront définies et analysées sous leurs aspects grammaticaux, syntaxiques et sémantiques. Les conflits entraînés par différents acteurs impliqués dans le discours seront ensuite examinés. Nous tenterons ainsi de répondre aux questions suivantes : le terme *privé* se réfère-t-il seulement à des individus, des particuliers, ou également aux personnalités publiques et politiques ? De quelle manière l'emploi des termes *privé* et *public* change-t-il selon les contextes, en fonction des trois événements indiqués ?

2. *Public* et *privé* – définitions et analyses

Avant de commencer les analyses linguistiques, il semble nécessaire de définir et de discuter les notions de *public* et de *privé* ainsi que leur corrélation. Du latin *privatus*, « particulier, propre, individuel », l'adjectif *privé(e)* se réfère au départ au simple citoyen. Le nom *privé* dérive de *privus*, signifiant quelque chose d'isolé, ou de « particulier, propre à chacun, spécial ». Aujourd'hui, le *privé* qualifie des faits *d'ordre personnel*, *intimes*, mais se définit tout aussi bien par opposition :

- « [...] aspects de la vie d'une personne qui ne sont pas rendus publics [...] »
- « [...] appliqué à une chose qui n'a pas de caractère officiel et, selon le contexte, s'oppose aux notions de *public*, *politique* et *social*. » (Rey 2011, 1766)

L'adjectif *public (publique)*, dérivant du latin *publicus*, est employé au 14ème siècle dans le cadre politique pour désigner « [...] ce qui concerne le peuple,

---

des outils d'analyse adaptés » (*Journal officiel* du 22/08/2014). De plus, le *Big Data* est souvent défini par les « 3V » : « Le Big Data, c'est traiter des Volumes de données conséquemment supérieurs à ceux traités auparavant, à une Vitesse incomparable, le tout en intégrant une Variété de données largement plus riche » (*Guide du Big Data. L'annuaire de référence à destination des utilisateurs* 2014/2015, 5).

la collectivité dans son entier, ce qui est relatif à l'État [...] ». Deux siècles plus tard, le *public* est utilisé pour parler de « ce qui est commun à la collectivité » ou « connu de tous ». La forme substantivée, *le public*, désigne « le domaine public, spécialement le Trésor public, la chose publique (c'est-à-dire l'État) et, par métonymie, la foule, la collectivité » (ibid., 1800). Selon Rössler, le *privé* peut faire référence à des domaines très divers, pourtant toujours liés à la possibilité de pouvoir contrôler l'accès à des choses individuelles :

> ‹ Zugang › oder ‹ Zutritt › kann hier sowohl die direkte, konkret-physische Bedeutung haben, so etwa wenn ich beanspruche, den Zugang zu meiner Wohnung selbst kontrollieren zu können; es kann jedoch auch *metaphorisch* gemeint sein: in dem Sinn, dass ich Kontrolle darüber habe, wer welchen ‹ Wissenszugang › zu mir hat, also wer welche [...] Daten über mich weiß; und in dem Sinn, dass ich Kontrolle darüber habe, welche Personen ‹ Zugang › oder ‹ Zutritt › in Form von Mitsprach- oder Eingriffsmöglichkeiten haben bei Entscheidungen, die für mich relevant sind. Das Gewicht dieser Definition liegt auf der Idee der Kontrolle, auf der des unerwünschten Zutritts, und damit nicht auf der Idee der Trennung zwischen einem einzelnen Individuum auf der einen Seite und einer Öffentlichkeit aller anderen auf der anderen; und auch die Raum- oder Bereichsmetapher ist hier nur ein Aspekt.[3] (Rössler 2001, 23–24)

De plus, l'opposition entre 'privé' et 'public' a fait l'objet de plusieurs théories sociologiques et philosophiques[4] sur l'évolution de nos cultures et sociétés. Le terme *privé* évolue selon les contextes historiques et sociaux, se référant aux actions, aux savoirs ou à des espaces (ibid., 11–19). Samuel D. Warren et Louis D. Brandeis font partie des premiers à traiter le sujet du privé dans un contexte politique. Dans leur œuvre *The Right to Privacy* (1890), ils comprennent le domaine du privé comme un droit du citoyen, à savoir celui « d'être laissé seul »[5] (« the right to be left alone »). À partir des années 1950, c'est surtout

---

3   « La notion d'*accès* [*Zugang* oder *Zutritt*] peut avoir une signification concrète et physique, se référant par exemple au fait de pouvoir contrôler l'accès à mon propre appartement ; mais elle peut également avoir une signification métaphorique : dans le sens d'avoir sous mon contrôle l'*accès informatique*, c'est-à-dire de pouvoir contrôler les personnes ayant accès à mes données et aussi le volume de ces données ; et dans le sens de pouvoir contrôler les gens ayant le droit d'être associés aux décisions qui sont importantes pour moi. Cette définition accentue l'idée du contrôle, de l'accès indésirable, et non pas l'idée de la séparation entre l'individu d'un côté, et le public de l'autre côté ; la métaphore de l'espace et du domaine ne représente ici qu'un seul aspect. » (trad. VW).

4   Voir par exemple Hannah Arendt (1989), qui critique le principe de la séparation des domaines du *privé* et du *public* en général.

5   Cette traduction est reprise de Rigaux (1992, 17).

le surgissement des médias qui crée une énorme polémique autour du privé dans le secteur de l'information (« informationelle Privatheit »).[6] Négocier les limites entre les domaines privé et public semble désormais un des défis auxquels sont confrontées toutes les sociétés libérales. La manière de vouloir protéger sa vie privée dépend donc des situations historiques, des cultures, mais tout aussi bien des générations et des contextes sociaux (Grimm / Neef 2012, 48 ; Krah 2012, 129). En 1962, dans son œuvre *Strukturwandel der Öffentlichkeit,*[7] Jürgen Habermas constate que dans les secteurs de la radio et de la télévision, les limites entre 'public' et 'privé' finissaient même par se dissiper (Habermas 1990 [1962], 260–263), le monde créé par les médias seulement faisant semblant d'être public et l'intégration des aspects privés n'étant qu'illusoire.

Avec l'apparition d'Internet, les débats commencent à toucher le sujet de la protection des données personnelles. Dans le but de s'informer, de communiquer ou de faire des achats en ligne, on est obligé de partager des informations privées comme par exemple sa date de naissance, son adresse mail ainsi que ses nom et prénom. Contrairement à des conversations face à face, ces informations révélées dans l'espace virtuel deviennent publiques et disponibles à long terme sous forme numérique. Edward Snowden a cependant dévoilé en juin 2013 que l'enregistrement des données privées concernait non seulement le web, mais également la communication téléphonique. De plus, à part les données des particuliers, la NSA stockait des données personnelles des politiciens et même des informations secrètes des organisations nationales et internationales. Les attaques terroristes, par exemple celles du 11 septembre 2001 aux États-Unis, mais aussi les attentats à Paris en janvier et novembre 2015, semblent confirmer l'hypothèse selon laquelle les travaux des services secrets étaient indispensables pour garantir la sécurité des sociétés modernes. Par conséquent, les limites entre la sphère privée, d'une part, et le domaine public, d'autre part, s'estompent dans plusieurs contextes, pourtant étroitement liés. Tout d'abord, il faut distinguer des informations privées et publiques (i) dans l'espace virtuel, (ii) dans la communication téléphonique et (iii) dans des espaces publics, par exemple des espaces conçus pour l'usage public ou les transports en commun. L'atteinte à la vie privée et aux droits de la personnalité se manifeste donc sous forme (i) de collecte des données numériques, (ii) d'écoutes de conversations et (iii) de vidéosurveillance (tableau 1).

---

6   Ce procès remonte à la fin du 19e siècle, lors de la naissance de la presse à scandale et de la photo (Rössler 2001, 13).

7   Cette œuvre a été traduite en français sous le titre suivant : *L'espace public : archéologie de la publicité comme dimension constitutive de la société bourgeoise.*

Tableau 1 : Contextes actuels dans lesquels les limites entre public et privé créent des conflits (1ère ligne) et des formes d'atteinte à la vie privée et aux droits de la personnalité selon ces différents contextes (2ième ligne)

espace virtuel ↳ collecte des données numériques	communication téléphonique ↳ écoutes des conversations	espaces publics ↳ vidéosurveillance

3. La construction linguistique des domaines du privé et du public dans le discours

Les corpus d'analyse couvrent tous une période de 16 semaines, tournant chaque fois autour d'un événement précis :[8]

Corpus I :
- Événement : Révélations des activités secrètes de la NSA, 06/06/2013
- Période couverte par les textes du corpus : 11/04/2013 – 31/07/2013
- Nombre de mots (*words*) :[9] 9 545 389 / Nombre de signes (*tokens*) :[10] 11 554 603

Corpus II :
- Événement : Attentats à la rédaction de Charlie Hebdo, Paris, 07/01/2015
- Période couverte par les textes du corpus : 12/11/2014 – 03/03/2015
- Nombre de mots (*words*) : 19 402 289 / Nombre de signes (*tokens*) : 23 585 530

Corpus III :
- Événement : Attentats à Paris, 13/11/2015
- Période couverte par les textes du corpus : 18/09/2015 – 07/01/2016
- Nombre de mots (*words*) : 22 488 451 / Nombre de signes (*tokens*) : 27 405 627

---

8   Le discours sur la surveillance et la sécurité dans l'espace public était déjà existant avant les révélations des activités secrètes de la NSA par Edward Snowden. En analysant des textes publiés avant et après un événement précis, il est possible de démontrer à quel point celui-ci a influencé le discours en question (Weiland 2020).

9   Comptage de mots automatique par *SketchEngine*.

10 « Token is the smallest unit that each corpus divides to. Typically each word form and punctuation […] is a separate token. Therefore, corpora contain more tokens than words. Spaces between words are not tokens. A text is divided into tokens by a tool called tokenizer which is often specific for each language, for example *don't* in English consists of 2 tokens » (*Sketch Engine*, entrée *token*).

Les articles contiennent au moins l'un des lemmes[11] suivants (« termes de recherche ») : *sécurité, surveillance / surveiller, contrôle / contrôler, observer / observance.*[12] Les corpus seront analysés en vue d'être comparés à l'aide du logiciel *Sketch Engine* eu égard à leurs caractéristiques grammaticales et syntaxiques d'une part, et sémantiques d'autre part.

Première étape d'analyse : Méthodes quantitatives

Les termes ayant les mêmes caractéristiques qu'un terme X d'un point de vue grammatical et syntaxique sont révélés par la fonction du *Thesaurus*[13] tandis que la fonction *Word Sketch* crée une liste des collocations du terme concerné[14] et que *Sketch Diff* les compare aux collocations d'autres notions.[15] Afin de tenir compte des divergences de taille des corpus en termes de nombre de mots, chaque terme analysé sera mis en rapport avec le nombre total de mots du corpus correspondant. Cependant, il faut souligner que ces approches quantitatives ne représentent qu'une première étape d'analyse importante pour mieux saisir les caractéristiques formelles des textes et que des analyses qualitatives sont incontournables par la suite.

Cette première approche quantitative vise à comparer les lemmes *privé* et *public*[16] pour faire ressortir leurs similitudes et différences au niveau structurel. En supposant que ces deux notions forment des domaines sémantiquement

---

11 Un *lemme* est la forme d'un mot qui sert d'entrée dans le dictionnaire tandis qu'un *lexème* intègre la totalité des réalisations (Glück 2005, 376 / Le Grand Robert de la langue française 2008, s.v. *lexème*).

12 Les textes sont téléchargés depuis la plate-forme NEXIS, la syntaxe de recherche exacte étant la suivante : (Text((sécurité!) OR (surveill!) OR (contrôl!) OR (observ!)) or Einleitung((sécurité!) OR (surveill!) OR (contrôl!) OR (observ!)) or Überschrift ((sécurité!) OR (surveill!) OR (contrôl!) OR (observ!))).

13 « A thesaurus, sometimes referred to as synonym dictionary or a dictionary of synonyms, is a reference work that lists words in groups by the similarity in meaning. The thesaurus in Sketch Engine is automatically generated based on algorithms that look for words which appear in similar contexts in a text corpus » (*Sketch Engine*, entrée *Distributional thesaurus*).

14 « The word sketch is Sketch Engine's hallmark feature. It is the easiest way to learn quickly about how a word or phrase behaves. The Word Sketch gathers information from thousands and millions of examples of use and provides a one-page summary of categorised collocations with links to examples serving as an at-a-glance overview of the word's behavior » (*Sketch Engine*, entrée *Word Sketch*).

15 Cette comparaison se fait par la fonction *Word sketch differences*.

16 Les deux termes seront analysés en tant qu'adjectifs.

opposés, représentant peut-être même des antonymes, la question se pose de savoir à quel point ces notions se correspondent formellement et constituent les mêmes collocations saillantes. Le tableau (2) ci-dessous montre les quinze premiers lemmes listés par *Thesaurus* pour chaque corpus, c'est-à-dire les quinze lemmes correspondant formellement aux lemmes *privé* et *public*.

Tableau 2 : Résultats du *Thesaurus* des lemmes *privé* et *public*. En couleur grise sont marqués les termes listés pour chacun des trois corpus.[17]

Thesaurus du lemme *privé*			Thesaurus du lemme *public*		
Corpus I	Corpus II	Corpus III	Corpus I	Corpus II	Corpus III
public	public	public	privé	privé	privé
étranger	immobilier	immobilier	industriel	social	financier
immobilier	personnel	communal	bancaire	européen	européen
industriel	local	culturel	commun	international	régional
international	britannique	extérieur	commercial	financier	international
extérieur	étranger	bancaire	social	industriel	social
informatique	extérieur	commercial	international	local	militaire
personnel	familial	civil	financier	commercial	bancaire
commercial	publique	personnel	étranger	culturel	historique
familial	international	local	européen	stratégique	immobilier
parisien	professionnel	publique	immobilier	économique	commercial
anglais	européen	familial	unique	national	culturel
financier	individuel	industriel	culturel	régional	industriel
ferroviaire	agricole	associatif	économique	bancaire	local
commun	social	professionnel	ferroviaire	militaire	chinois

Les résultats de cette analyse quantitative révèlent très clairement que, dans chaque corpus, les lemmes *public* et *privé* sont les termes dont les structures syntaxiques et grammaticales se ressemblent le plus. En outre, certaines notions sont très fréquemment reprises dans des collocations aussi bien avec

---

17 Les lemmes sont listés selon le score (diminuant de haut en bas) calculé par *Sketch Engine*. Exemple : *Thesaurus* du lemme *privé*, corpus I : *public* (Score 0.240), *publique* (0.183), *étranger* (0.175), *immobilier* (0.171), *industriel* (0.169), etc.

privé qu'avec *public*. Dans cette catégorie entrent surtout les lemmes *secteur,*
établissement, hôpital, espace, domaine et *lieu* :[18]

- « Mais, dans le même temps, ce palais de la République, qui a le statut d'établissement *public* à caractère administratif, est contraint de limiter ses recrutements au
  nom de l'effort collectif pour réduire la dette *publique*. » (*Le Figaro*, 03/06/2015)[19]
- « Racheté fin 2008 par le Groupe SOS, l'hôpital Jean-Jaurès est un établissement
  privé, certes, mais à but non lucratif. » (*Le Monde*, 21/06/2013)

De surcroît, *Word Sketch* montre que *privé* et *public* se trouvent très souvent
dans des constructions formées avec les connecteurs *et* ainsi que *ou* :[20]

- « C'est pour cela qu'il faut intensifier entre nous, Français et Allemands, le dialogue, *public ou privé*, entre hommes politiques, entrepreneurs, syndicalistes. »
  (*L'Express.fr*, 22/06/2013)
- « De fait, les Américains disposent de tous les moyens pour surveiller et prendre
  le contrôle à distance de tous les outils informatiques, *privés ou publics*, à l'insu de
  leurs utilisateurs. » (*Le Figaro*, 08/07/2013)
- « Depuis les événements du vendredi 13 novembre, les grandes entreprises s'or-
  ganisent pour continuer à travailler et accompagner leurs salariés. Les comités de
  direction se sont concertés dès vendredi pour activer les cellules de crise, garantir la continuité du service *privé et public*, et renforcer la sécurité. » (*LeMonde.fr*,
  17/11/2015)

Dans une prochaine étape pourraient être examinés de plus près tous les autres
termes listés par le *Thesaurus*, tâche malheureusement impossible dans le cadre
de cet article. Une telle étude devrait contribuer à indiquer les collocations des
termes concernés afin de préciser ensuite, dans l'étape d'analyse sémantique,
les relations et similitudes avec les termes *privé* et *public*.

Deuxième étape d'analyse : Aspects sémantiques et interprétations

Au niveau sémantique, trois aspects principaux seront analysés en combinant
approches quantitative et qualitative. Les domaines sémantiques auxquels se
réfèrent les notions *privé* et *public* seront examinés, afin de répondre ensuite à
la question de savoir si, dans le discours, des termes synonymes aux adjectifs
privé et *public* coexistent, c'est-à-dire des termes qui y correspondent non seulement de manière formelle, mais également de façon sémantique. Les rapports

---

18 Il s'agit ici des notions démontrées par la fonction *Word Sketch* dans chaque corpus.
19 Mises en évidence dans toutes les citations par l'auteur.
20 Le nombre de ces constructions s'élève à 109 (corpus I), 131 (corpus II) et 159 occur-
    rences (corpus III).

entre les caractéristiques linguistiques des corpus de textes et les événements concrets évoqués seront enfin soulignés.

En examinant les listes du *Thesaurus* du terme *public* (tableau 1), on constate que plusieurs notions proviennent sémantiquement des secteurs économique (*industriel, commercial, économique*) et financier (*bancaire, financier*) ou se réfèrent aux relations intergouvernementales (*international, européen*). Il faut cependant tenir compte du fait qu'il ne s'agit ici que de lemmes présentant une similitude formelle et que des interprétations au niveau sémantique sur la base des analyses des collocations sont nécessaires afin de savoir premièrement à quels domaines sémantiques sont liées les notions *privé* et *public* et deuxièmement s'il s'agit des domaines correspondants. Ces analyses sont possibles à l'aide de la fonction *Word Sketch* révélant entre autres à quels noms se réfèrent les adjectifs *public* et *privé* (tableau 3).

Tableau 3 : Résultats du *Word Sketch* des lemmes *privé* et *public*, listés selon le score (v. note de bas de page n°15). Les termes présents dans chacun des trois corpus sont surlignés en gris.

Word Sketch du lemme *privé*			Word Sketch du lemme *public*		
Corpus I	**Corpus II**	**Corpus III**	**Corpus I**	**Corpus II**	**Corpus III**
secteur	*secteur*	*secteur*	*pouvoir*	*pouvoir*	*pouvoir*
vie	*vie*	*jet*	*service*	*service*	*ordre*
entreprise	*clinique*	*vie*	*déficit*	*espace*	*service*
jet	*jet*	*entreprise*	*ordre*	*déficit*	*déficit*
milice	*droit*	*société*	*établissement*	*ordre*	*espace*
donnée	*établissement*	*dette*	*espace*	*lieu*	*fond*
placement	*investissement*	*investissement*	*débat*	*établissement*	*établissement*
investissement	*entreprise*	*parc*	*argent*	*hôpital*	*lieu*
établissement	*fondation*	*école*	*secteur*	*argent*	*transport*
arbitrage	*avion*	*domaine*	*fond*	*débat*	*marché*
acteur	*école*	*espace*	*lieu*	*ministère*	*débat*
détective	*espace*	*donnée*	*ministère*	*bâtiment*	*secteur*
société	*vente*	*titre*	*compte*	*fond*	*ministère*
école	*investisseur*	*théâtre*	*éclairage*	*marché*	*argent*
titre	*banque*	*investisseur*	*marché*	*transport*	*bâtiment*

Il en ressort que *privé* et *public* sont utilisés dans des domaines très divers. Y sont effectivement inclus l'économie (*entreprise, investissement, vente, déficit, marché*), les finances (*investissement, investisseur, banque, fond, argent*) ainsi que la politique (*ministère*), mais également d'autres domaines comme des transports (*transport, jet, avion*) ou des *établissements*, par exemple des *écoles* et *hôpitaux*.

Pour trouver d'éventuels synonymes des adjectifs *public* et *privé*, les lemmes listés par la fonction *Thesaurus* peuvent servir de base. Toutefois, même si ces notions d'axe paradigmatique correspondent syntaxiquement et grammaticalement aux notions en question, elles diffèrent parfois considérablement au niveau sémantique. Pour l'adjectif *privé*, on peut constater que c'est *personnel* qui semble couvrir les mêmes champs sémantiques alors que pour le lemme *public*, c'est l'adjectif *commun* :

- « Ces territoires retranchés de l'espace *commun*, ces lieux mis au ban (banlieues) ne sont-ils pas aujourd'hui principalement envisagés sous l'angle de l'origine, étrangère, de ceux qui les habitent majoritairement ? » (*Le Monde*, 25/04/2013)
- « Ce texte touffu – 135 pages et 3200 amendements – est a priori plein de bonnes intentions : protéger les données *personnelles* des Européens, notamment sur Internet, pour éviter leur utilisation frauduleuse ou commerciale. » (*Le Parisien*, 19/04/2013)

Néanmoins, il est important d'attirer l'attention sur le fait que parmi les quinze premiers lemmes du *Thesaurus* de *privé* n'apparaissent pas les lemmes *secret* et *confidentiel* qui, d'un point de vue sémantique, semblent en revanche être absolument pertinents dans le contexte de l'espionnage numérique. Alors que *secret* occupe la 45ᵉ position, *confidentiel* ne se trouve même pas dans la liste du *Thesaurus*, ce qui montre que les résultats des analyses formelles ne sont pas à confondre avec des analyses sémantiques.

Enfin, deux autres caractéristiques propres aux corpus doivent faire l'objet d'une analyse. Le premier concerne le *Thesaurus* du terme *privé* du premier corpus rassemblant des articles justes avant et juste après les révélations des activités secrètes de la NSA. Ici figure, à l'opposé des listes des autres corpus, la notion d'*informatique*. Ce constat est-il lié aux révélations par Edward Snowden, donc à l'événement concret autour duquel est construit le premier corpus ? En complétant l'analyse quantitative par une étape d'analyse qualitative, il apparaît clairement que cette collocation dépend du contexte. De surcroît, il faut souligner la présence du nom *donnée* en sixième position de la liste du *WordSketch* du corpus I alors que ce terme n'est pas listé parmi les quinze premiers lemmes du *WordSketch* du corpus II et ne se trouve qu'en 12ᵉ position de la liste du corpus III. La thématique du numérique occupe évidemment le devant de la scène des textes du corpus I. Les extraits de textes suivants en constituent quelques exemples :

- « En 2011, la Cnil (*Commission nationale de l'informatique et des libertés*) a été saisie de près de 700 plaintes pour des problèmes de diffusion de *données privées*. » (*Aujourd'hui en France*, 19/04/2013)
- « En principe, les citoyens américains sont protégés des surveillances électroniques, à moins que celles-ci soient l'objet d'une ordonnance de justice. Mais le périmètre et les conditions dans lesquelles s'exerce cet espionnage *informatique* sont particulièrement flous et couverts par le secret entourant les activités de renseignement. » (*Le Figaro*, 07/06/2013)
- « Accusé d'avoir participé au programme Prism d'espionnage *informatique*, le géant du logiciel [Microsoft] a nié avoir donné à l'agence de sécurité américaine un ‹ accès direct › aux comptes Outlook ou Skype de ses clients. » (*Les Echos*, 18/07/2013)

4. Définir ce qui est *public* et *privé* – Quelques acteurs et lignes de conflits

Après avoir étudié les termes *public* et *privé*, il s'agit d'analyser quelques lignes de conflits et des acteurs de discours. Une approche possible pour saisir linguistiquement des événements est celle de Sophie Moirand (2007 ; 2014). En supposant qu'un événement constitue un « moment discursif » s'il « donne lieu à une abondante production médiatique et qu'il en reste également quelques traces à plus ou moins long terme dans les discours produits ultérieurement à propos d'autres événements », Moirand (2007, 4) propose par exemple une analyse linguistique des épidémies (la vache folle, la grippe h1n1), des catastrophes naturelles (le tsunami en Asie en décembre 2004) ou des crises sociales comme les émeutes dans les banlieues de l'automne 2005. Ekkehard Felder (2006 ; 2014) suggère une autre démarche fondée sur l'analyse des « batailles sémantiques » (‚‚semantische Kämpfe", 2014, 110). Cette expression désigne des conflits au niveau linguistique qui résultent du fait que différents acteurs ou groupes d'acteurs veulent imposer, par l'usage d'une désignation spécifique au lieu d'une autre, leurs propres points de vue et leurs modes de pensées. Depuis les révélations du scandale de la NSA, par exemple, différents hommes politiques français et allemands essaient de redéfinir les relations avec les États-Unis en se posant la question de savoir si les Américains peuvent toujours être qualifiés d'*ami*, *allié* ou *partenaire* (Weiland 2017, 51–54).

Même si les approches de Ekkehard Felder et de Sophie Moirand seraient applicables dans le cas présent, elles semblent moins à même d'éclairer l'analyse des domaines du *public* et du *privé,* qui représentent des aspects très spécifiques des discours considérés. Analyser les aspects fortement controversés ainsi que les acteurs concernés à l'aune des termes *public* et *privé* ainsi que de leurs synonymes[21] s'avère en revanche instructif car ce sont moins les caractéristiques ou batailles sémantiques générales dans les discours qui sont pertinentes ici que les différends découlant de cette dichotomie. Puisqu'une étude exhaustive est impossible dans le cadre de cet article, une analyse exemplaire devrait démontrer dans quelle mesure une telle démarche peut être judicieuse. Les étapes d'analyse seront les suivantes : (i) comparaison des collocations des termes *privé* et *personnel* dans le but de trouver un lemme, plus précisément un nom, et donc un domaine sémantique qui soit de haute importance dans le discours et (ii) analyse des collocations et n-grammes du lemme choisie pour savoir quelles sont les actions ainsi que les acteurs qui y sont liés.

La première étape réalisée à l'aide du *Sketch Diff* révèle qu'il existe six noms constituant des collocations aussi bien avec les adjectifs *privé(e)* que *personnel(le)*, à savoir *information, donnée, titre, intérêt, vie, investissement*. De cette liste est extrait le terme *donné* pour deux raisons : d'une part, *donnée* présente le nombre le plus important d'occurrences en comparaison aux autres termes, d'autre part, au niveau interprétatif, les données ont un rapport direct avec les révélations des actions secrètes de la NSA. L'étape suivante consiste à étudier les modificateurs du nom *donnée* ainsi que les structures syntaxiques dont *donnée(s)* est l'objet (tableau 4). À première vue, plusieurs adjectifs qualifiant le nom *donnée* (colonne gauche) semblent en étroite relation avec le contexte de la NSA : *personnel, téléphonique, informatique, confidentiel, privé, individuel, sensible, internet*. Il en va de même pour les verbes (colonne droite). Dans le tableau 5, ils sont classés en deux catégories sémantiques selon les critères « respect de la sphère privée » et « atteinte à la vie privée ».[22]

---

21 Voit également l'analyse d'Alice Krieg-Planque (2003) sur la base de la formule *purification ethnique*.

22 Le verbe *analyser* n'est pas considéré ici car l'analyse qualitative révèle qu'il s'agit des analyses qui, entre autres, servent à mieux protéger les utilisateurs des portails web et les consommateurs.

Tableau 4 : Le lemme *donnée* (en tant que nom) utilisé comme modificateur ou objet selon *Word Sketch* (corpus I)

considérer des données comme un bien personnel	considérer les données comme un bien à exploiter
protéger	*collecter*
sécuriser	*stocker*
	transmettre
	héberger
	fournir
	récolter
	communiquer
	récupérer
	recueillir
	enregistrer
	exploiter
	partager
	voler
	utiliser

Tableau 5 : Classification des verbes constituant des collocations avec le nom *données*

modificateur	objet de
personnel	*collecter*
téléphonique	*stocker*
informatique	*transmettre*
confidentiel	*héberger*
relatif	*chiffrer*
brut	*priver*
privé	*fournir*
individuel	*récolter*
bancaire	*communiquer*
scientifique	*récupérer*
sensible	*recueillir*
internet	*enregistrer*
inexact	*contenir*
satellitaire	*exploiter*
disponible	*partager*
technique	*voler*
issu	*protéger*
précis	*analyser*
massif	*utiliser*
	sécuriser

Plusieurs constats découlent de ces tableaux. Une dichotomie dans l'espace numérique[23] se fait jour entre la 'protection des données' d'un côté et le 'stockage', voire leur exploitation de l'autre côté. Cette opposition devient surtout manifeste en regardant de plus près les verbes dont la plupart décrivent des actions de transmission, de stockage et d'exploitation. La prochaine étape de l'analyse consiste en une analyse quantitative ainsi que qualitative détaillée des collocations des verbes listés plus haut afin d'identifier les acteurs de chaque côté. Il s'agit d'une part des gouvernements, des services secrets (p. ex. *NSA, Prism*) et des commissions nationales (p. ex. *Cnil*) des différents États représentés par des

---

23 Rössler (2001, 201 ss) parle de « informationelle Privatheit ».

hommes politiques (p. ex. *la chancelière allemande, François Hollande*), ainsi que des individus (p. ex. *citoyens, abonnés, internautes, utilisateurs, blogueurs*), et d'autre part des entreprises et sites web comme *Facebook, Twitter,*[24] *Windows, Google, Yahoo !, Amazon, OVH*. L'un des aspects frappants est la mention souvent indirecte, voire vague, des acteurs (p. ex. *opérateurs, services, compagnies, les géants du web, les sites*). Comme le révèlent les exemples suivants, le lemme *donné* peut dans ce contexte former des collocations aussi bien avec *personnel* qu'avec *privé* :

- « ‹ L'objectif est de faire un état des lieux précis de la façon dont les principaux sites informent les internautes sur la manière dont ils exploitent leurs *données person-nelles* ›, explique Thomas Dautieu, responsable du service de contrôle de la Cnil. » (*Aujourd'hui en France*, 07/05/2013)
- « Les négociations sur le traité de libre-échange ne démarreront pas ‹ sans qu'il y ait à la même date ouverture de discussions et de vérifications avec les Etats-Unis sur les activités des services de renseignements américains dans nos pays et sur la pro-tection des *données privées* ›, a déclaré M. Hollande […] » (*Le Monde*, 05/07/2013)

En appliquant ces mêmes étapes d'analyse aux corpus II et III, ce n'est pas le nom *donnée* qui est le substantif le plus saillant – même s'il joue tout de même un rôle important –, mais celui de *vie*. Une étude des verbes les plus fréquents dans chaque corpus (*priver, coûter, sauver, perdre* et *gagner*) sert ensuite à connaître les contextes des extraits de discours concernés et souligne à quel point il est possible d'en saisir des caractéristiques spécifiques par le moyen des analyses quantitatives et qualitatives au niveau linguistique.

5. Conclusion

Cet article a tenté de montrer que les approches quantitatives et qualitatives représentent des démarches complémentaires au niveau méthodologique. Les articles qui constituent les trois corpus représentent seulement des extraits du discours en français sur la sécurité et la surveillance. Comme exposé en deuxième partie, les domaines du public et du privé dépendent très fortement de facteurs sociaux, historiques et culturels. A partir de l'analyse d'articles de presse publiés en France dans le contexte des révélations des activités secrètes de la NSA et des attentats de Paris de janvier et novembre 2015, ce constat se voit confirmé à la lumière de ces événements concrets de très haute importance pour la France. La thèse de Rössler (2001) et Grimm / Krah (2015) selon laquelle les questions liées aux domaines privé et public sont aujourd'hui de plus en

---

24 Cette plateforme s'appelle *X* depuis 2023.

plus liées à l'espace virtuel se voit également confirmée par cette étude sur corpus. Même si dans les corpus II et III, l'adjectif *privé* a surtout été étudié en collocation avec le substantif *vie*, le contexte numérique y joue également un rôle important. De plus, force est de constater qu'une analyse des événements provoquant une large production de textes peut se faire, au moins en partie, par l'analyse de quelques éléments linguistiques récurrents. Néanmoins, une telle approche ne semble pas en mesure de suppléer entièrement des méthodes plus détaillées aptes à mettre au jour d'autres caractéristiques du discours, par exemple un panorama complet des acteurs et d'autres conflits liés à ce discours.

Références

Arendt, Hanna (⁷2008 [1989]) : *Vita activa oder Vom tätigen Leben*. München et al. : Piper.

Felder, Ekkehard (2006) : Semantische Kämpfe in Wissensdomänen. Eine Einführung in Benennungs-, Bedeutungs- und Sachverhaltsfixierungs-Konkurrenzen. Dans : Id., 13–46.

Felder, Ekkehard (éd.) (2006) : *Semantische Kämpfe. Macht und Sprache in den Wissenschaften*. Berlin et al. : de Gruyter.

Felder, Ekkehard (2014) : Semantischer Kampf. Wie Sprache eint und trennt. Dans : *Forschungsmagazin Ruperto Carola* 1/2014, Themenheft *Krieg & Frieden*, 108–115.

Glück, Helmut (éd.) (³2005): *Metzler Lexikon Sprache*. Stuttgart / Weimar: Metzler.

Grimm, Peter / Krah, Hans (2015) : *Ende der Privatheit? Eine Sicht der Medien- und Kommunikationswissenschaft*, en ligne. URL : http://www.digitale-ethik.de//showcase//2014/11/Ende_der_Privatheit_Grimm_Krah.pdf (25/04/2017).

Grimm, Petra / Neef, Karal (2012) : Privatsphäre 2.0 ? Wandel des Privatheitsverständnisses und die Herausforderungen für Gesellschaft und Individuum. Dans : Grimm / Zöllner, 41–82.

Grimm, Petra / Zöllner, Oliver (éds.) (2012) : *Schöne neue Kommunikationswelt oder Ende der Privatheit? Die Veröffentlichung des Privaten in Social Media und populären Medienformaten*. Stuttgart : Franz Steiner.

Habermas, Jürgen (1990 [1962]) : *Strukturwandel der Öffentlichkeit*. Frankfurt a.M. : Suhrkamp.

Krah, Hans (2012) : Das Konzept ‚Privatheit' in den Medien. Dans : Grimm / Zöllner, 127–158.

Krieg-Planque (2003) : *« Purification ethnique ». Une formule et son histoire*. Paris : CNRS Editions.

Moirand, Sophie (2014) : L'événement ,saisi' par la langue et la communication. Dans : Cahiers de praxématique 63, en ligne. URL : https://praxematique.rev ues.org/2362 (25/04/2017).

Rey, Alain (éd.) (2011) : *Dictionnaire Historique de la langue française.* Paris : Le Robert.

Rigaux, François (1992) : *La vie privée. Une liberté parmi les autres ?.* Bruxelles : Larcier (Travaux de faculté de droit de Namur 17).

Rössler, Beate (2001) : *Der Wert des Privaten.* Frankfurt a.M. : Suhrkamp.

Warren, Samuel D. / Brandeis, Louis D. (1890) : The Right to Privacy. Dans : *Harvard Law Review*, Vol. IV (5), en ligne. URL : http://groups.csail.mit.edu/mac/classes/6.805/articles/privacy/Privacy_brand_warr2.html (25/04/2017).

Weiland, Verena (2017) : Analysing the French Discourse About « Surveillance and Data Protection » in the Context of the NSA Scandal. Methodological Reflexions and Results in Terms of Content. Dans : Schünemann, Wolf J. / Baumann, Max-Otto (éds.) : *Privacy, Data Protection and Cybersecurity in Europe.* Cham : Springer, 45–59.

Weiland, Verena (2020) : *Sprachwissenschaftliche Zugriffe auf Diskurse. Ein korpuslinguistischer Ansatz am Beispiel des Themas „Sicherheit und Überwachung" in Frankreich.* Heidelberg : Winter (Studia romanica 220).

Sources Internet

Guide du Big Data. L'annuaire de référence à destination des utilisateurs 2014/2015. URL : http://www.bigdataparis.com/guide/BD14-15_Guide_BD_14136_2.pdf (13/04/2017).

Journal officiel de la République française regroupant un ensemble de termes de différents domaines scientifiques et techniques. URL : http://www.culture.fr/franceterme/result?franctermeSearchTerme=megadonn%C3%A9es&francetermeSearchDomaine=0&francetermeSearchSubmit=rechercher&action=search (25/04/2017).

Le Grand Robert de la langue française 2008. Paris : Dictionnaires Le Robert. URL : http://gr.bvdep.com/robert.asp (25/04/2017).

Sketch Engine : *Distributional thesaurus.* URL : https://www.sketchengine.co.uk/user-guide/user-manual/thesaurus/ (25/04/2017).

Sketch Engine : *Token.* URL : https://www.sketchengine.co.uk/my_keywords/token/ (25/04/2017).

Sketch Engine : *Word Sketch.* URL : https://www.sketchengine.co.uk/quick-start-guide/word-sketch-lesson-1/ (25/04/2017).

Livia Gaudino-Fallegger

La sphère privée à l'époque du virtuel. Une étude linguistique et contrastive (français / allemand)

Abstract: Quels sont les indices qui, inscrits dans la langue, nous permettent d'avaliser la thèse selon laquelle les limites entre sphère privée et publique ont subi, après l'apparition de la communication virtuelle, un déplacement inconnu auparavant ?

Dans cette contribution on essaye de s'approcher de cette question de façon contrastive, en utilisant un corpus en langue allemande et française, constitué d'un ensemble d'écrits tirés de deux forums.

La ligne méthodique choisie pour interpréter l'analyse du corpus est fournie par la linguistique de discours comparative, dans la version proposée par von Münchow. Selon cette méthode, la comparaison de discours, tirés d'au moins deux communautés ethnolinguistiques différentes, fait ressortir des convergences et des divergences linguistiques permettant de reconnaitre le symbolisme socio-culturel propre à chacun des deux mondes linguistiques étudiés.

Keywords: sphère privée, sphère publique, dichotomie, communication virtuelle, numérique, forum, français, allemand, linguistique comparative

1. Objet de recherche, méthode et corpus

Dans le film *Perfetti sconosciuti* (Paolo Genovesi, „Parfaits inconnus"), sept amis d'enfance se retrouvent, comme d'habitude, pour dîner ensemble. Mais, cette fois, la maîtresse de maison propose que, le temps de la soirée, tous posent leur smartphone au centre de la table et mettent en commun messages Whats-App, photos et appels, avec l'idée qu'entre amis on se connaît par cœur et qu'on n'a aucun secret les uns pour les autres.[1]

Ce film aborde un sujet qui nous touche tous de près et qui concerne la conception du privé à l'époque du numérique. En effet, le développement de la communication numérique nous amène à affronter une quantité impressionnante

---

1 Bande-annonce de *Perfetti sconosciuti* : https://www.youtube.com/watch?v=f7Ta hC1Upgw. Sous-titres du film : https://www.sous-titres.eu/films/perfetti_sconosci uti.html. En 2018, *Le Jeu*, un remake français de ce film italien, est sorti en France, réalisé par Fred Cavajé.

de questions à l'aide du smartphone ou de l'ordinateur[2] et, puisque le terminal
mobile est vécu par l'usager, qui en est propriétaire, comme strictement 'personnel', nous sommes, psychiquement, enclins à considérer ce genre d'interaction comme une activité privée (cf. Reips 2006 et 2008, 9–10). Mais, au-delà
de la réalité psychique, il y a la réalité factuelle et celle-ci nous enseigne que
l'application à la communication numérique d'attitudes utiles au bon fonctionnement de la communication conventionnelle est fallacieuse. En outre, même
si les usagers d'internet sont plus ou moins conscients du fait que son utilisation peut mettre en danger leur vie privée, ils préfèrent croire qu'ils maîtrisent
leur présence dans l'espace virtuel et ne changent donc rien à leurs habitudes.[3]
Cette attitude est encore accentuée par l'action des spécialistes d'internet et
des grands dirigeants d'entreprises du web qui propagent la fin de la *privacy* et
l'émergence de la *publicness*, en français „la publitude" (Casilli 2013 ; Hemery
2014) : une attitude qui présuppose une transparence généralisée et une vision
négative et critique de l'anonymat.[4] Son mot d'ordre est, tout comme dans la
scène du film que nous venons de citer, « rien à cacher donc rien à craindre ».
Évidemment, le relâchement ou, plus simplement, le changement plus ou moins

---

2   Petra Grimm et Hans Krah (2014, 10) constatent à ce propos : « Der Preis, den der
    Einzelne für die Errungenschaften einer digitalisierten Welt zahlen muss, ist die
    Datafizierung seiner Privatsphäre. Damit verbunden ist die Einschränkung seiner
    Entscheidungs- und Handlungsfreiheit. So können IT-Unternehmen ihre Kunden
    tracken, scoren, taxieren und deren zukünftiges Verhalten bzw. Befinden prognos-
    tizieren. Wie erfolgreich solche Prognosen sein können, veranschaulicht die Studie
    von Kluemper / Rosen / Mossholder (2012), bei der die aus Profilen von Sozialen
    Online-Netzwerken gewonnenen Daten bessere Ergebnisse über die Leistungsfähig-
    keit von Job-Bewerbern vorhersagen konnten als klassische Eignungs-Tests ».
3   Tubaro *et al.* observent (2014, 4–5): « [...] people contribute their personal data and
    provide comprehensive and rich information about their own characteristics, tastes,
    habits and lifestyle (their profiles) as well as thus social environment (their friends or
    contacts more generally) the result [...] is the release of more and more information
    to more and more people ». Ensuite ils ajoutent : « A study of data privacy perception
    commissioned 2012 by the Direct Marketing Association in the United Kingdom
    found that two-thirds of consumers surveyed agreed that their definition of privacy
    is changing due to the internet and social media and four-fifths greed that disclosing
    personal information is an increasing part of modern life ».
4   Lovink (2011, 184) observe à propos de l'anonymat : « Was ist das ‹ selbst › noch in
    einer Gesellschaft, in der Millionen nach Einzigartigkeit streben, doch von iden-
    tischen Wünschen gesteuert werden? Vielleicht stellt der Begriff der ‹ Massenano-
    nymität › einen möglichen Ausweg dar ».

conscient de cet ensemble de comportements et d'habitudes jusqu'à présent interprétés comme « défense de la sphère privée » est un phénomène mondial (cf. Görl 2007, 29) qui touche tous les pays où internet est largement utilisé sans être soumis à des systèmes de contrôle consciemment perçus par les usagers. En outre, puisque la communication numérique passe par le langage, il va de soi que les langues, d'une façon ou d'une autre, sont touchées par cette évolution. En abordant ces réflexions, nous nous sommes posé les deux questions suivantes :

1) Est-ce que la façon dont les internautes utilisent l'écriture dans les réseaux numériques témoigne des contradictions dans lesquelles plonge actuellement la dichotomie privé / non-privé ?

2) Si ces contradictions plongent effectivement leurs racines dans la communication numérique et donc dans un univers linguistique profondément influencé par la mondialisation, est-il raisonnable de supposer que les formes discursives dans lesquelles elles se manifestent soient, quelle que soit la langue, plus ou moins les mêmes ?

Dans cette contribution, nous n'aborderons que la question numéro 1) ; en ce qui concerne la méthode d'analyse, nous nous appuierons sur la linguistique comparative dans la version proposée par von Münchow (cf. 2004a, 47–55 ; 2004b ; 2006 ; 2009). Selon cette méthode, la comparaison de discours, tirés d'au moins deux communautés ethnolinguistiques différentes, permet de reconnaitre en quoi les mondes discursifs étudiés sont divergents ou convergents. Von Münchow écrit à ce propos :

> L'intérêt à long terme de la linguistique de discours comparative [...] est de permettre au chercheur de comparer différentes cultures discursives par l'intermédiaire des productions verbales qui en relèvent. Dans cette optique je cherche à mettre en rapport non pas différentes langues, comme le fait traditionnellement la linguistique contrastive, mais les manifestations d'un même genre discursif dans au moins deux communautés ethnolinguistiques différentes, genre dont il s'agit alors de décrire et d'interpréter les régularités discursives. (2004a, 47–48)

Si le changement d'attitude envers le privé était effectivement en relation avec la spécificité de la communication numérique, il devrait être possible d'en retrouver les traces dans les emplois langagiers. Pour vérifier cette hypothèse nous avons décidé d'analyser un corpus constitué d'un ensemble d'écrits tirés de deux forums, l'un allemand, l'autre français :

Gutefrage.net (http://www.gutefrage.net/forumet)
ForumFR (http://www.forumfr.com/)

2. Le Forum

Un forum de discussion est, du point de vue technique, un lieu virtuel (une plate-forme web) où des documents sont archivés automatiquement. Ces documents (les posts) sont électroniques, numériques, interactifs et dynamiques. Du point de vue discursif (cf. Marcoccia 2004 ; Hassan / Marcoccia 2006), le forum est une forme de communication :

* interpersonnelle (A répond à B et possiblement B à A)
* de masse (un nombre illimité d'internautes peut répondre au message de A)
* asynchrone
* sans déroulement temporel unifié, car les réponses peuvent arriver immédiate-ment ou très longtemps après la publication de la question
* à terminaison ouverte, dans le sens que, à la différence d'une conversation conventionnelle, la fin d'un post n'est pas prévisible
* polylogique, parce qu'il s'agit d'un échange communicatif à plusieurs voix.

Le genre discursif du forum ne peut être établi à partir des taxonomies conven-tionnelles. Même s'il semble plausible d'accorder aux posts des forums un statut pareil à celui des conversations, cette solution se révèle peu satisfaisante. Les par-ticipants d'un forum utilisent pour communiquer des formats graphiques. Ils sont donc conscients du fait que leur contribution sera archivée et, au moins transitoi-rement, disponible en ligne. Cette contrainte est, cependant, largement compensée par le fait que l'internaute peut abandonner la discussion à son gré, ce qui réduit sa responsabilité communicative envers les autres. La liberté d'expression dans un forum n'est pas illimitée puisqu'il y a une équipe de modération et d'administra-tion qui surveille les contenus postés et peut sanctionner ceux qui violent le règle-ment du forum.

L'engagement des personnes qui agissent dans un forum peut être très différent. Marcoccia (2004, paragraphe 36) distingue trois types de comportement :

* lecteur silencieux (il reste inconnu aux internautes actifs)
* lecteur et rédacteur
* animateur (il est très actif et assure le déroulement de la discussion).

De plus, le nombre des participants à un forum n'est pas défini, étant donné que ceux qui entrent et sortent de la discussion sont toujours nombreux. Cette fluctuation de l'engagement et de la participation se reflète dans la structure thématique de la discussion qui, comparée à celle d'une conversation conven-tionnelle, devient discontinue et parfois désorganisée, donc difficile à suivre.

Du point de vue de la structure formelle, les posts sont sujets à la 'conversation-nalisation',[5] c'est-à-dire à l'infiltration de stratégies linguistiques spécifiques de l'oralité au niveau scriptural. Néanmoins, il faut souligner que cette tendance affecte aujourd'hui plusieurs genres discursifs indépendamment du canal et de la conception orale ou scripturale des discours, ce qui laisse supposer qu'elle pourrait être un trait généralisé à la communication de masse[6] et non une par-ticularité de l'écriture des forums. Il faut donc chercher d'autres explications. Si on s'appuie sur les réflexions de Hunnius 2012, on conclut que l'originalité structurelle des posts réside dans la „médialité" (Medialität) ; plus précisément dans le fait qu'ils ont une forme graphique dont le support est l'ordinateur et/ ou le smartphone. Cette circonstance conditionne à coup sûr très fortement les autres facteurs constitutifs du discours[7] et donc aussi la structure strictement linguistique des messages.[8] Il en découle que l'application des dénominations discursives traditionnelles aux genres de la communication numérique est fal-lacieuse. Tout en prenant en compte ces données, comme Marcoccia (2004, paragraphe 18), nous qualifions les forums de discussion de polylogues dis-continus, médiatisés par ordinateur ou smartphone.

3. La sphère privée

Par sphère privée, nous entendons l'espace dont un individu estime la protec-tion nécessaire vis-à-vis de l'autre, 'l'autre' étant une entité soit publique, soit non-publique. Ce qu'on peut ou doit protéger est à la fois institutionnalisé et collectif – car ancré dans la législation du pays où l'on vit (cf. Rey 2012, 42–48) –, culturel, donc forgé par la *forma mentis* de tout l'entourage et, finalement, partiellement subjectif. La conception de la sphère privée est dynamique, car nous l'adaptons à l'évolution socio-culturelle et historique. Sa raison d'être est

---

5   « [...] à la suite de N. Fairclough, on appelle conversationnalisation l'ensemble de procédés discursifs qui témoignent de l'influence qu'a le registre de la conversation ordinaire sur d'autres types de discours, par exemple les discours publics » (Marcoc-cia 2016, § 6).

6   La mise en scène du privé dans les shows du genre téléréalité illustre très bien un contexte communicatif 'de masse' dont la structure linguistique se voit fortement marquée par la conversationnalisation.

7   Ceux-ci sont selon Maingueneau, à côté du support et des modes de diffusion, le statut respectif des locuteurs et des récepteurs, les circonstances temporelles et locales de l'énonciation, le support et les modes de diffusion, les thèmes qui peuvent être introduits, la longueur et le mode d'organisation (cf. Maingueneau 1996, 44).

8   Cf. à ce propos l'approche des grammaires constructivistes (Barme 2012, § 3).

donc l'existence de l''autre', lequel coïncide avec tous les acteurs de la société dans laquelle on vit. L'idée que chacun de nous possède une sphère privée est aussi influencée par l'éducation reçue. Et, puisque le curriculum éducatif varie selon les pays, on doit supposer qu'avec lui variera aussi l'approche réservée à la sphère privée.

Que se passe-t-il lorsque l'individu quitte les formes de communication conventionnelles pour passer à celles des réseaux numériques ?

Il se passe que l''autre' perd, au moins partiellement, sa visibilité discursive. L'être humain vit, depuis sa naissance, plongé dans des contextes discursifs. Pendant l'enfance et la jeunesse, il apprend à les reconnaitre et à organiser la parole en fonction des acteurs discursifs impliqués dans le discours. Ceci signifie que la nature linguistique des messages est strictement dépendante du contexte discursif où ils se produisent (cf. Barme 2012, 25). Évidemment, nous sommes conscients du fait que l''autre' de la communication virtuelle est souvent une entité vague qui manque de 'légitimité' communicative et de consistance psychique, mais l'ubiquité d'internet, qui efface les frontières nationales et souvent aussi langagières, induit l'internaute à surestimer les données dont il dispose, en particulier sa familiarité avec son terminal, et donc à se considérer comme chez lui, comme s'il était en bonne compagnie entre ses quatre murs. Cette conviction a des conséquences.

Du point de vue psychique, elle favorise une certaine désinhibition discursive ; ceci peut se traduire par l'emploi de stratégies discursives qu'on utiliserait plutôt dans des contextes 'privés'. De plus, la nature invisible des techniques qui donnent vie au web fait oublier aux internautes que toute activité sur internet génère des traces électroniques qui, n'étant pas détectables par le non-spécialiste, constituent une menace pour la *privacy*.

Par conséquent, la question de la *end-of-privacy* dans la communication numérique doit être observée de deux façons :

- D'un côté, elle présuppose une réduction partiellement contrôlable de la sphère privée due, paradoxalement, à l'activation plus ou moins consciente de comportements communicatifs typiques de contextes discursifs à 'haute *privacy*'.[9]

---

9   Cf. Rey (2014, 14) : « À l'ère du numérique, c'est donc moins de la protection du privé comme entité figée dont il est question que de la capacité individuelle à soustraire à la connaissance d'autrui des informations ayant trait à des faits et gestes que les individus vivent comme privés (ce qui varie selon les contextes, relationnels en particulier) ».

- De l'autre, on constate une réduction du contrôle du privé due soit aux traces générées par les différentes activités exercées sur internet, soit aux effets des manipulations idéologiques subjacentes aux services offerts sur le web.

Comme nous le voyons, on a affaire à deux questions totalement différentes : l'une premièrement sociolinguistique et communicative ; l'autre, au contraire, technique et sociopolitique. Nos recherches portent sur la question sociolinguistique et communicative.

4. L'analyse

4.1. L'identité virtuelle

L'aménagement de la sphère privée dans les forums, et, plus généralement, sur tous les réseaux sociaux numériques, est un processus dialectique : il présuppose la protection de son identité virtuelle vis-à-vis de la communauté des internautes et, à partir des indices détectables dans les posts, la reconstruction de l'identité discursive et virtuelle des autres usagers. Ce parcours est nécessaire pour sélectionner, surtout lorsque l'on est très actif, les partenaires discursifs les plus appropriés, mais aussi pour maîtriser son image virtuelle. Le seuil de protection applicable dépend soit de standards généralement acceptés, soit de l'attitude subjective. Les deux exemples suivants reproduisent les informations postées par deux internautes allemands sur la page qui accueille leur profil.[10]

---

10 Traduction de *ProfDrPrivDoz* : « ProfDrPrivDoz n'est que mon pseudonyme chez gutefrage.net. Et l'illustration à côté n'est par conséquent rien d'autre qu'un avatar […]. Ajouter plus d'informations sur moi serait superflu dans la mesure où elles n'apportent rien à mes contributions sur *gutefrage.net*. En principe, je répondrai aux questions qui se présentent avec le sérieux qu'elles méritent. Pour ma part, je réponds honnêtement et j'attends donc la même chose en retour. Quand je pose des questions, je souhaite en premier lieu encourager la réflexion et la discussion. Mais certaines questions ont un aspect purement ludique ».
    Traduction de *perfectingday* : « Salut, et bienvenus sur mon profil. Je suis un garçon sympa de 18 ans qui donne et, parfois, reçoit volontiers des conseils sur internet. Cependant, je ne suis pas toujours actif sur cette plateforme ; je pose des questions ou j'y réponds selon mon humeur. Attention : je n'accepte pas toutes les demandes d'amis. Je retiens seulement celles des gens qui ont quelque chose d'important à me dire. En outre, je préfère ne pas révéler mon nom ici, car c'est trop personnel et ne regarde personne ».

Über ProfDrPrivDoz

ProfDrPrivDoz ist lediglich mein Pseudonym bei gutefrage.net!

Meine Illustration dementsprechend eine Art Avatar zur Visualisierung.

Weitere Angaben zu meiner Person spielen insofern keine Rolle als das diese für meine Beiträge bei gutefrage.net wichtig oder gar von Bedeutung wären.

Ich beantworte Fragen grundsätzlich mit dem Ernst mit dem sie gestellt werden. Ich selbst antworte herrlich und erwarte von euch selbiges.

Stelle ich selbst Fragen möchte ich in aller erster Linien zum Nachdenken und Mitreden animieren. Einige Frage haben auch reines Unterhaltungswert.

https://www.gutefrage.net/nutzer/perfectingday

perfectingday

Hallo, willkommen auf meinem Profil. Ich bin ein netter 18 Junge, der gerne anderen Menschen im Internet Rat gibt und auch mal selber rat sucht. Dennoch bin ich hier auf dieser Plattform nicht immer aktiv und je nach Lust oder Laune beantworte ich stets gerne Fragen oder stelle sie, sofern mir danach ist. Achja bitte beachte, dass Freundschaftsanfragen nicht immer angenommen werden und ich nur welche annehme die auch mit mir persönlich über etwas wichtiges schreiben wolle.

Außerdem gebe ich hier meinen echten Namen ungern preis, weil mir das zu persönlich ist und das niemanden angeht.

https://www.gutefrage.net/nutzer/perfectingday

1) ProfDrPrivDoz et perfectingday

Ces deux textes nous donnent d'un côté des informations qui correspondent aux standards prévus par le codex du forum : *ProfDrPrivDoz* utilise un pseudonyme et un avatar ; *perfectingday* explique qu'il garde son vrai nom secret puisque cette information ne concerne pas son public. De l'autre, toutefois, ces deux 'forumeurs' postent des informations qui nous aident à esquisser leur personnalité communicative. Ainsi, nous apprenons que l'attitude de *perfectingday* envers les requêtes d'amitié est restrictive; en même temps, il se prononce pour une certaine distance communicative en se déclarant peu assidu dans le forum. *ProfDrPrivDoz*, au contraire, se présente presque comme un modérateur, comme quelqu'un qui se sent responsable envers la communauté ; le pseudonyme qu'il a choisi renforce cette impression chez le lecteur.

Un cas assez controversé, mais stéréotypé, de gestion de l'identité virtuelle est représenté par l'emploi, illustré dans l'image suivante, de photos :

Frage von Lockenkopf1993 **10.02.2016** . 👁 7.185

Woran erkennt man, dass man allgemein als hübsch gilt?

Hallo. Ich bin 22 und männlich und ausgewachsen nur 1.80 m nach dem Aufstehen. **Anbei habe ich Bilder von mir ich bitte EUCH DIE ABSOLUT EHRLICHE BEGRÜNDUNG ZU NENNEN DIE AUCH DIE FOLGENDEN PUNKTE ERKLÄREN WÜRDEN!!!!**
Ich verrate euch wieso:
1. Trotz langem Surfen auf Online Dating Portalen kommt höchstens nach 2 tagen ein interessiertes Mädchen auf mein Profil. **Und wenn ich mal ne nummer habe sind es ungefähr nur 5 % die dann einmal mit mir treffen** :(
2. [...]
3.

2) http://www.gutefrage.net/frage/woran-erkennt-man-dass-man-allgemein-als-huebsch-gilt

Évidemment, les photos constituent dans un cas comme celui-ci une information indispensable pour que la communauté puisse réagir.[11] Cependant, elles réduisent notablement l'anonymat de *lockenkopf*, étant donné que « google.image » permet p. ex. de vérifier si ces photos ont déjà été postées sur d'autres sites. Tous les internautes ne sont pas aussi imprudents que *lockenkopf*. Comme on peut le voir sur l'image suivante, les forumers *black dog* et *ex_micro-onde** invitent plus ou moins explicitement la jeune fille qui a ouvert la discussion à télécharger sa photo. Elle refuse en expliquant qu'il n'y a aucune relation entre la question qu'elle vient de poser et la publication d'une photo. Ces exemples montrent que l'identité virtuelle est une entité dynamique qui résulte de la négociation discursive entre le producteur (ce qu'il est prêt à dévoiler) et les destinataires (ce qu'ils veulent savoir).

---

11 « Qu'est-ce qui fait qu'on est considéré comme joli/beau par les autres ? Salut. Je suis un homme de 22 ans, je mesure 1,80 m debout. J'ai ajouté des photos de moi. Je vous demande de mentionner en toute sincérité [...] » (trad. LGF).

Black Dog
Forumeur alchmiste ♂ ❙❙

On appelle ça avoir du chien   **(1)**
Photo maintenant !

(2)
Ex_micro-onde*

[...] quelle réponses est tu venu
chercher ici surtout qu'on sait pas
à quoi tu ressembles ? [...]

(3)

Missmacaronsratés01

Forumeur survitaminisé, 21 ans ❙❙

11 Juin 2015 - 21:44

(4)
Ex_micro-onde*
[...] J'ai du mal à voir ce
qu'on pourrait t'apporter
comme réponse sans voir
à quoi tu ressembles mais
des réponses de la gente
masculine avec un titre
pareil tu vas en avoir ça

c'est sûr

Ou oui, c'est pour ça que directement, sans me connaître et sans chercher à lire correctement
ce post, tu te permets de m'affubler d'une voix de nunuche, puisqu'une femme qui plait est la
plupart du temps nunuche / conne, pas vrai...
Je ne mettrais pas de photo, je ne vois pas à quoi ça servirait, je ne cherche pas à recevoir
quoi que ce soit, à part vos témoignages et ressentis si vous avez vécu ça, ou si vous avez
comme moi l'impression d'un décalage énorme entre ce que vous voyez dans le miroir et ce
que les autres peuvent voir de vous.

http://www.forumfr.com/sujet667370-je-plais-trop.html

3) Missmacaronsratés01

Les stratégies employées dans ce processus de construction identitaire peuvent
atteindre des niveaux de complexité assez élevés, qui dépendent évidemment de
l'expérience et du statut communicatif de l'internaute. Dans le passage qui suit,
une femme métisse capverdienne (*magali83190*) cite toutes les insultes racistes
qu'elle a subies pendant une conversation sur Facebook et demande aux forumeurs ce qu'elle doit faire pour porter plainte.

Insultes racistes sur facebook
Je veux porter plainte mais ai peur d'être ridicule...

magali83190 ● 0
Membre,   12 Janvier 2012 – 21:50

Bonjour,

lors d'une conversation publique sur Facebook une fille à eu des propos racistes et très blessants envers moi (je suis
métisse cap verdienne)
Je souhaite porter plainte, cette personne ne me connaît pas et m'insulte ouvertement et en public :

* retourne parler à ta population noire de m*****,
* "vive ANTIFA" (La mouvance « anti-antifa » est apparue en Europe dans les années 1980, rassemblant des groupes
d'extrême-droite décidés à s'opposer aux associations « antifascistes ») deux fois dans la conversation
* je suis raciste et fière de l'être vive marine le pen pour une France blanche et propre
* votre bled est pollué de toutes ses m****** de bico...

Je suis très blessée, même si je ne devrais pas car c'est une personne démunie d'intelligence, car je ne comprends pas
que l'on puisse tenir des propos de la sorte sans être inquiété.

Chacun son opinion c'est sur mais quel besoin d'atteindre les races, les origines, de dénigrer pour toucher quelqu'un ?
Je suis Maman de 3 enfants je ne peux pas accepter qu'un jour ils seront confrontés à se genre de situation sans
pouvoir se défendre un minimum. Je sais que le racisme est le lot de tous les musulmans, noirs, juifs et autres mais je
pense que ne rien dire ne peut pas arranger les choses... [...]

4) https://www.forumfr.com/membre/157643-magali83190/Contenu

A cette question, *Conscient55* réagit comme suit :[12]

> 5) Je ne sais que penser de cette histoire. C'est peut-être une arnaque de quelqu'un qui veut proférer des insultes puantes sur le forum, mais qui sait ce que ça lui coûtera, alors, il passe par un stratagème usé jusqu'à la corde, qui consiste à mettre dans la bouche de quelqu'un d'autre les ordures qu'on veut déverser sur le forum. Ce qui me fait penser ça, c'est que tu parles un français irréprochable, et donc tu es en France depuis longtemps, ou plus probablement une (ou un) française un peu néo sur les bords, […]. D'autre part dans tes précisions visant à bien délimiter ceux qui sont visés par le racisme « Je sais que le racisme est le lot de tous les musulmans, noirs, juifs et autres », c'est le mot « autres » qui me gêne. Tu n'es pas une musulmane (soit dit en passant l'Islam n'est pas une race mais une religion), tu n'es pas noir…e (mais « cap Verdienne »), tu n'es pas juive, donc tu te classerais dans la catégorie « autres ». Quand on parle de soi-même, ça me paraît ubuesque de se classer dans une catégo-ries[13] « autres », qui a un côté péjoratif, genre 5éme roue de la charrette.

La référence à *Ubu roi* d'Alfred Jarry, l'analyse du syntagme 'l'autre', l'emploi du phraséologisme '5ème roue de la charrette' sont des indices érudits qui mettent en évidence soit une bonne compétence textuelle, soit l'habitude de recons-truire l'autre à partir d'informations textuelles.

Ce genre de compétence se retrouve aussi dans le forum allemand. Le contri-buteur *snek33* spécule sur les effets que lui provoque la consommation de créa-tine :

Frage von Snek33 05.09.2016 . ⊙ 77

Wird man durch Kreatin heftig (Maschine)?

Immer wenn ich kreatin nehme fühl ich mich auf 180. Ich hab das gefühl ich könnte 200 kg Bankdrücken machen ohne Probleme. Auch hab ich das Gefühl, dass ich jeden im Fitnesstudio wegklatschen könnte selbst den breitesten. Ich krieg auch das Gefühl das jeder Angst vor mir hat

Rechtschreibfehler gefunden

6) http://www.gutefrage.net/frage/wird-man-durch-kreatin-heftig--maschine-

---

12 Les citations tirées des posts présentent l'orthographe originale.

13 Ainsi dans le texte.

Ce à quoi *MrPriViLeG* répond :

> 7) Kreatin hat keinen Einfluss auf die Psyche. Entweder nimmst du was anderes noch dazu das du hier verschweigst oder das ist kein Kreatin oder du bist ein Troll.[14]

Dans le langage informatique, le 'troll' peut être un message tendancieux, polémique ou la personne qui en est à l'origine (cfr. Larousse, s.v. *troll*). Le troll est donc un genre prototypique d'identité virtuelle dont le trait pertinent est la négativité discursive et qui, pourtant, doit être banni du forum. L'exemple qui suit est tiré d'un post très long sur la politique de Mme Merkel.[15] Le forumeur *dataways* se référant à *Waldfrosch*, remet en question son identité et conclut :

> 8) Frau Waldfrosch ist jedenfalls Ende 40 und stammt gar nicht aus Deutschland, sondern aus einer Republik, in der man seine Minderwertigkeitskomplexe noch ordentlich pflegt. Ich persönlich liebe allerdings Waldfroschs Heimat sehr. Und mein Alter kann sie rausbekommen, wenn sie sich Mühe gibt.[16]

Évidemment, on a affaire ici à un internaute assez expert, capable de dévoiler la précarité de l'anonymat sur le web.

Et, pour terminer, voici un autre échange tiré lui aussi du post sur la politique de Mme Merkel, qui vise avec une très belle vivacité expressive l'orientation politique et donc un aspect prototypique pour la construction de l'identité individuelle dans notre société :

> 9) *Haldor* : Bist halt ein Linker! *Howelljenkins*: Sagt der Rechte ?[17]

Ces commentaires illustrent des cas où la recherche de l'identité de l'autre se manifeste d'une façon implicite. On ne pose pas de questions directes, mais on présente l'interprétation d'une analyse, plus ou moins explicite, du post, comme un fait acquis, donc comme un présupposé dans le sens de Ducrot (1984). Ils témoignent de toute façon, surtout pour le post français, d'une

---

14 « La créatine n'exerce aucun effet sur l'esprit. Soit tu as ingéré quelque chose d'autre que tu nous caches ; soit il ne s'agit pas de créatine, soit tu es un troll » (trad. LGF).

15 http://www.gutefrage.net/frage/-hat-frau-merkel-in-einem-jahr-das-kaputt-gema cht-hat-was-unsere-grossvaeter-ueber-jahrzehnte-in-deutschland-mit-muehe-und-schweiss-aufgebaut-haben.

16 « En tout cas, Mme Waldfrosch approche les 40 ans et vient, non pas d'Allemagne, mais d'une république où on cultive encore sacrément ses complexes d'infériorité. Moi personnellement, j'aime beaucoup la patrie de Waldfrosch. Et mon âge, elle peut le découvrir, en s'efforçant un peu » (trad. LGF).

17 « *Haldor*: T'es un mec de gauche, c'est tout ! *Howelljenkins*: C'est un mec de droite qui parle ? » (trad. LGF).

capacité métadiscursive étonnante et d'une grande habileté dans l'usage de ce moyen de communication.

4.2. La véridicité

Un aspect strictement lié à la construction de l'"identité virtuelle' concerne la véridicité des contenus des posts. Les internautes thématisent cet aspect soit lorsqu'ils se sentent mal compris et blessés par les commentaires reçus, soit lorsqu'ils posent leurs questions. *Missmacaronsratés01* écrit par exemple :

> 10) Quel interêt de venir dire ça ...? Si mon problème ne t'interesse pas, libre à toi de ne pas commenter... [...] Je parle en toute simplicité de quelque chose que je garde pour moi car je n'aime pas du tout parler de ça [mise en relief de L.G.F.][18]

Ce post, apparemment un peu contradictoire, illustre très efficacement ce qu'en psychologie on appelle 'extimité', à savoir « le fait de déplacer certains éléments strictement personnels dans le domaine public avec le souhait qu'il en résulte à la fois une intimité plus riche et des liens nouveaux » (Casilli 2010, 100). Ceci explique le paradoxe selon lequel un individu préfère affronter un thème très personnel dans une communication virtuelle du genre un-à-plusieurs plutôt que dans la communication réelle face-à-face.

Le grand poids communicatif attribué à la véridicité des posts se voit explicitement thématisé dans la réplique suivante où *magali83190* se défend des critiques reçues en revendiquant son statut de 'personne' – il faudrait plutôt dire 'd'internaute' –, pas menteuse :[19]

> 11) [...] bref je ne suis pas la pour être jugée ou traiter de menteuse je voulais juste l'avis de personne connaissant un peu le sujet [...]

'Juste', 'en toute sincérité' (10) sont des expressions qui laissent entrevoir l'attitude défensive de celui qui voit son identité virtuelle menacée.

Si on veut éviter des problèmes de ce genre, – comme a dû le penser l'internaute *barbara lebol* – il vaut mieux prévenir que guérir ! Donc, de peur qu'on doute de sa version, elle termine son message par l'exclamation : « Et c'est rigoureusement vrai! ».[20]

---

18 http://www.forumfr.com/sujet667370-je-plais.trop.html.
19 http://www.forumfr.com/sujet444622-insultes-racistes-sur-facebook.html.
20 http://www.forumfr.com/sujet710395-comment-la-relation-avec-nos-parents-conditionne-aujourd-hui-notre-couple.html.

Finalement, nous revenons sur le texte de l'image (2) où *lockenkopf* exige explicitement l'honnêteté de 'l'autre' :

12) Hallo. Ich bin 22 und männlich und ausgewachsen nur 1.80 m nach dem Aufstehen. Anbei habe ich Bilder von mir ich bitte EUCH DIE ABSOLUT EHRLICHE BEGRÜNDUNG ZU NENNEN DIE AUCH DIE FOLGENDEN PUNKTE ERKLÄREN WÜRDEN!!!! [mise en relief dans l'original].

4.3. Identité virtuelle versus identité réelle

Nous conclurons avec une série d'exemples plus complexes qui témoignent des contradictions provoquées par l'interaction entre identité virtuelle et réelle au niveau de la sphère privée :

Caez,[21] un administrateur, communique à tous les forumeurs qu'ils trouveront dorénavant 'ForumFr' sur Facebook et sur Twitter.[22] La plupart d'entre eux ne réagit pas ; ceux qui répondent semblent tout à fait satisfaits de cette innovation.

13) Super, j'ajoute tout de suite

écrit par exemple *yakiba*. Mais il y a aussi quelques rares voix dissidentes qui manifestent leur scepticisme envers le renforcement de la connectivité sur le web. Ainsi constate *Paillette* :

14) C'est une bonne chose. Cependant, je ne souhaite pas lier mon pseudo à mon nom, c'est pourquoi je n'irais pas sur la page ForumFr de Facebook 😊.

Et, peu après, *Sandy8* ajoute :

15) Mon dieu si les gens que je connais réellement découvrais ce que j'écris ici…

Ci-dessous, finalement, un exemple allemand dans lequel émergent les problèmes dérivant de l'hyperconnectivité :[23]

16) *hayleysalvatore*: Hey melli schreib mir mal über insta
Jessicahofst: Was ist das hier. ne Kontaktbörse ?[24]

---

21 http://www.forumfr.com/sujet523084-forumfr-et-les-reseaux-sociaux.html.
22 Cette plateforme s'appelle *X* depuis 2023.
23 http://www.gutefrage.net/frage/freundin-will-mit-mir-selbstbefriedigung-machen-was-soll-ich-tun.
24 « *Hayleysalvatore*: Hey Melli écris-moi sur instagram. *Jessicahofst :* On est où là ? Sur un site de rencontres ? » (trad. LGF).

Pour terminer, voici un exemple de gutefrage.net qui témoigne des dangers qui surgissent lorsque virtuel et réel s'entremêlent :

> 17) Seit paar Wochen werden ich und paar Freunde aus meiner klasse auf instagram von einer Person belästigt und am Anfang dachten wir das das nur irgendein Hobbyloser typ aus unserer schule ist aber letzte Nacht als er gegen 23:00 vor meiner Haustür war ging es zu weit, er hat mich auf insta direkt angeschrieben und hat gesagt "ich stehe vor der Haustür" und dann hab ich versucht vom Fenster zu gucken aber hab niemanden gesehen und dann hat er ein Foto geschickt wie ich am Fenster stehe [...][25]

5. Conclusion

Nous avons posé au début de cet article la question suivante :

- Est-ce que la façon dont les internautes utilisent l'écriture dans les réseaux numériques témoigne des contradictions dans lesquelles plonge actuellement la dichotomie privé / non-privé ?

L'analyse que nous venons de présenter permet d'y répondre positivement. Cependant, plus que d'une situation contradictoire, il s'agit ici d'une vraie restructuration de la conception du privé, car celle-ci se voit enrichie par des formes de relation interpersonnelle qui n'existent que dans le virtuel. L'écriture des posts visualise cette évolution là où elle devient porteuse de stratégies discursives qui servent à modeler l'identité virtuelle. Dans celle-ci, on retrouve :

- l'activité métadiscursive qui, en partant de l'interprétation des présupposés, vise à dévoiler l'identité virtuelle des forumeurs et donc à affaiblir l'anonymat
- la négociation avec la communauté du forum des données nécessaires ou superflues pour l'aménagement de son image
- la revendication du 'vrai'

---

[25] http://www.gutefrage.net/frage/ich-werde-seit-paar-wochen-von-einem-stalker-auf-instagram-belaestigt--wie-finde-ich-heraus-wer-er-ist.
« Depuis quelques semaines, sur instagram il y a quelqu'un qui nous embête, moi et quelques copains de ma classe. Au début on pensait que c'était qu'un mec de notre école qui a rien d'autre à faire, mais hier soir quand il s'est pointé devant ma porte vers 23 heures, c'est allé trop loin. Il m'a écrit sur instagram en disant « je suis devant chez toi » alors j'ai essayé de regarder par la fenêtre mais je n'ai vu personne. Peu après il a envoyé une photo de moi regardant à la fenêtre » (trad. LGF).

- la réflexion explicite sur le comportement à adopter sur le web et, pour finir,
- l'emploi de mots et d'expressions qui servent à se protéger sans se cacher.

En conclusion, comme l'a déjà souligné Casilli :

> […] les communications un-à-un sont de moins en moins le trait distinctif de la sphère privée, tandis que le public n'est plus l'espace consacré aux communications un-à-plusieurs (2010, 99).

Notre vie privée n'a pas disparu, elle s'est transformée qualitativement pour devenir une négociation collective (Hemery 2014).

Références

Barme, Stefan (2012) : *Gesprochenes Französisch*. Berlin et al. : de Gruyter.

Casilli, Antonio (2010) : *Les liaisons numérique. Vers une nouvelle sociabilité ?* Paris : Seuil.

Ducrot, Oswald (1984) : *Le dire et le dit*. Paris : Editions de Minuit.

Fairclough, Norman / Mauranen, Anna (1997) : The Conversationalisation of Political Discourse: A Comparative View. Dans : *Belgian Journal of Linguistics* 11, 89–120.

Görl, Carmen (2007) : *Computervermittelte Kommunikation: Kulturelle und sprachwissenschaftliche Aspekte*. Saarbrücken : Verlag Dr. Müller.

Hunnius, Klaus (2012) : Zur Kontroverse um das *français parlé*. Ein Plädoyer gegen ein säkulares Junktim und für eine Rehabilitierung der Medialität. Dans : *Romanistisches Jahrbuch* 63, 1, 33–50.

Kluemper, Donald H. / Rosen, Peter A. / Mossholder, Kevin W. (2012) : Social networking websites, personality ratings, and the organizational context: More than meets the eye?. Dans : *Journal of Applied Social Psychology* 42, 1143–1172.

Lovink, Geert (2011) : Anonymität und die Krise des multiplen Selbst. Dans : Leistert, Oliver / Röhle, Theo (éds.) : *Generation Facebook. Über das Leben in Social Net*. Bielefeld: Transcript Verlag, 183–198.

Maingueneau, Dominique (1996) : *Les termes clés de l'analyse de discours*. Paris : Seuil.

Marcoccia, Michael (2016) : *Analyser la communication numérique écrite*. Paris : Colin.

Mouron, Philippe (2020) : PragerU : les plateformes sont-elles libres de modérer les contenus postés par leurs utilisateurs ?. Dans : *Revue européenne des médias et du numérique*, IREC, 71–76.

Münchow, Patricia von (2004a) : Réflexions sur une linguistique de discours comparative. Le cas du journal télévisé en France et en Allemagne. Dans : *Tranel* 40, 47–70.

Münchow, Patricia von (2004b) : *Les journaux télévisés en France et en Allemagne. Plaisir de voir ou devoir de s'informer*. Paris : Presses Sorbonne Nouvelle.

Münchow, Patricia von (2006) : *Discours, cultures, comparaisons*. Paris : Presses Sorbonne Nouvelle.

Münchow, Patricia von (2009) : Entre valeurs universelles et centration sur le sujet : comparaison de manuels de lecture français et allemands. Dans : *Synergies. Pays riverains de la Baltique* 6, 125–134.

Reips, Ulf-Dietrich (2006) : Computer-vermittelte Kommunikation [Computer-mediated communication]. Dans : Bierhoff, Hans-Werner / Frey, Dieter (éds.) : *Handbuch der Sozialpsychologie und Kommunikationspsychologie*. Göttingen : Hogrefe, 555–564.

Reips, Ulf-Dietrich (2008) : Potenziale jenseits der Privatsphäre: Risiken und Chancen internetbasierter Kommunikation. Dans : *Psychoscope* 29, 7, 8–11.

Rey, Bénédicte (2012) : *La vie privée à l'ère du numérique*. Paris : Hermès.

Rey, Bénédicte (2014) : Introduction. Les intelligences numériques des informations personnelles. Vers un changement de perspective pour garantir le droit à la vie privée ?. Dans : *Les Cahiers du numérique (Informations personnelles et intelligences numériques)* 10, 1, 9–18.

Tubaro, Paola / Casilli, Antonio / Sarabi, Yasaman (2016) : *The End of Privacy in Social Media: An Agent-Based Modelling Approach*. Cham et al. : Springer.

Tubaro, Paola (2018) : 9. La vie privée, un bien commun ?. Dans : *Regards croisés sur l'économie* 2, 23, 129–137.

Sources Internet

Atifi, Hassan (2017) : Identité et communication des Twiléspectateurs. Entre paradoxe et hybridation. Dans : *Revue française des sciences de l'information et de la communication*, Société Française des Sciences de l'Information et de la Communication. URL : https://journals.openedition.org/rfsic/2975 (19/04/2021).

Casilli, Antonio (2013) : Contre l'hypothèse de la « fin de la vie privée ». Dans : *Revue française des sciences de l'information et de la communication*, en ligne, 3, 2013, mis en ligne le 31 juillet 2013. URL : https://journals.open edition.org/rfsic/630 (15/06/2020).

DMA (Direct Maketing Association) (2012) : Data privacy: *What the consumer really thinks.* Report by furure foundation for DMA. URL : https:// dma.org.uk/uploads/Data%20privacy%20-%20What%20the%20consu mer%20really%20thinks%202012_53cfd432518f2.pdf (15/06/2020).

Grimm, Petra / Krah, Hans (2014): Ende der Privatheit? Eine Sicht der Medien- und Kommunikationswissenschaft. Dans : *Online-Publikationen des DIE* (Institut für digitale Ethik). URL : https://www.hdm-stuttgart.de/digit ale-ethik/forschung/publikationen/online_publikationen/bilder/online_ publikation (15/06/2020).

Hassan, Atifi / Marcoccia, Michel (éds.) (2006) : Communication médiatisée par ordinateur et variation culturelle : analyse contrastive de forums de discussion français et marocains. Dans : *Les Carnets du Cediscor,* en ligne, 9, 2006, mis en ligne le 01 avril 2008. URL : http://cediscor.revues.org/629 (15/06/2020).

Hemery, Claire (2014) : De John Stuart Mill à Mark Zuckerberg, comment la définition de la 'vie privée' ou ' privacy ' a-t-elle évolué? *Entretien avec Antonio A. Casilli* (Paris. Télécom Tech/Ehess). URL : https://larevuedesmedias. ina.fr/comment-le-web-redefinit-la-notion-de-vie-privee (15/06/2020).

Larousse : Dictionnaire de français, en ligne. URL : https://www.larousse.fr/ dictionnaires/francais (15/06/2020).

Marcoccia, Michel (2004) : L'analyse conversationnelle des forums de discus- sion : questionnements méthodologiques. Dans : *Les Carnets du Cediscor,* en ligne, 8, 2004, mis en ligne le 01 novembre 2006. URL : http://cediscor.rev ues.org/220 (15/06/2020).

Tanja Prohl

Les blogs vidéo des *YouTubeurs* dans le continuum entre le public et le privé : une approche théorique et empirique

Abstract : L'émergence des plateformes de médias sociaux est accompagnée de l'apparition de nouveaux types de textes, tels que le blog vidéo sur *YouTube*. L'article ci-après examine la question de la localisation du blog vidéo dans le continuum entre le public et le privé, entre le discours formel et informel. Pour ce faire, la plateforme sera d'abord présentée et ensuite, le sujet de recherche sera traité premièrement d'un point de vue théorique et deuxièmement dans une perspective empirique. L'analyse d'un blog vidéo exemplaire est utilisée afin de démontrer les conclusions et pour élucider des conséquences possibles pour des recherches futures. Pourrait la langue utilisée dans des formats de vidéos enregistrées dans les médias sociaux faciliter l'étude de la langue informelle et spontanée ?

Keywords : blog vidéo, YouTube, langue formelle, langue informelle, continuum, domaine public, domaine privé

1. Difficultés dans la recherche de la langue parlée

Depuis les années 1970, l'intérêt des linguistes se dirige vers l'étude de la langue parlée spontanée – c'est-à-dire vers le langage tel qu'on le trouve dans les situations informelles de la vie quotidienne. Le chercheur est toutefois confronté à un dilemme : comment obtenir du matériel langagier typique des contextes privés en exerçant le rôle professionnel du linguiste ? Bien qu'au début du 21ème siècle les moyens techniques pour l'enregistrement et l'archivage du son soient bien élaborés, le chercheur reste exposé à cette problématique, décrite comme le 'paradoxe de l'observateur'[1] (Labov 1970, 47).

L'utilisation de la langue parlée dans les médias pourrait représenter une résolution du contexte formel inhérent au relevé scientifique. Néanmoins, le

---

1   La plupart des corpus du français parlé sont d'ailleurs concernés par le 'paradoxe de l'observateur'. En revanche, on constate dans certains d'entre eux une volonté de réduire le plus possible le degré de formalité. Un exemple serait le CLAPI (Corpus de Langue Parlée en Interaction), qui représente « une banque de données multimédia de corpus enregistrés en situation réelle, dans des contextes variés » (Laboratoire ICAR).

discours dans les médias traditionnels correspond plutôt à un 'discours de distance' qu'à un 'discours de proximité'[2] (Koch / Oesterreicher 2011) ; et cela surtout en France, où l'influence normative exercée par les institutions politiques et langagières reste prééminente (Lodge 1993, 235–237). En revanche, y a-t-il un contrôle pareil avec les médias numériques ? Après l'analyse des médias sociaux, comme *Twitter*[3] ou *Facebook*, Blackwood (2013, 46) y constate un « lack of language management » par les institutions françaises.

Les médias numériques offrent-ils donc des possibilités pour la recherche du discours de proximité ? Nous nous appuierons sur la plateforme *YouTube* pour étudier cette question. Après la présentation du site Internet, il s'agira, dans un premier temps, d'analyser le cadre théorique du discours de proximité pour conclure, dans un second temps, par l'étude empirique détaillée d'une vidéo.

2. *YouTube* et le mouvement des *YouTubeurs*

L'idée principale de la plateforme *YouTube* est résumée sur la page d'accueil de l'entreprise :

> Créé en mai 2005, *YouTube* permet à des millions d'internautes de découvrir, de regarder et de partager des vidéos originales. *YouTube* fait également office de forum dans lequel les utilisateurs des quatre coins du globe se rencontrent, s'informent et partagent leurs expériences. Ce forum fonctionne comme une plate-forme de distribution destinée aux créateurs de contenus originaux et aux annonceurs, quelle que soit leur taille.

Quelles sont donc les caractéristiques essentielles de ce médium social ? L'inspiration fondamentale est celle d'une plateforme de rencontre virtuelle, qui permet à tout un chacun de partager des contenus choisis librement avec le monde entier. Cette possibilité de faire prendre part une multitude de personnes inconnues à la vie personnelle fut une impulsion pour beaucoup de gens.

Ainsi, le phénomène des *YouTubeurs*, débutant aux États-Unis, se propagea vite sur le reste du globe, y compris la France. L'influence des nouvelles stars fut désormais extraordinaire : « À eux seuls, Cyprien, Norman et Squeezie, les trois *YouTubeurs* les plus appréciés, cumulent près de 19 millions d'abonnés à leurs chaînes » (Krémer 2015). Paradoxalement, l'attraction des *Youtubeurs* est due à leurs propriétés de 'personnes ordinaires'. Voilà pourquoi « ces stars ne doivent

---

2   Les termes utilisés originalement par Koch et Oesterreicher ([2]2011) pour 'le discours de distance' et 'le discours de proximité' sont *Distanzsprache* et *Nähesprache*, traduits par „distance communicative" et „immédiat communicatif" chez Wüest (2009, 148).

3   Cette plateforme s'appelle X depuis 2023.

surtout pas en avoir l'air. [...] [Et à] tout prix, rester aux yeux du public des 'jeunes normaux' [...] » (ibid.). Ils se trouvent donc dans une zone de tension entre leur statut célèbre et leur rôle de jeune 'normal' qu'ils doivent continuer à jouer. Le succès des *YouTubeurs* étant dû à leur mode de parution accessible et joignable, il paraît pertinent d'examiner leurs vidéos en fonction de la base potentielle du discours de proximité.

3. Cadre théorique

Quant au cadre théorique, deux aspects centraux du sujet abordé seront exposés : d'un côté, l'idée du continuum entre la distance communicative et l'immédiat communicatif. De l'autre côté, la question du privé véhiculé par les médias.

3.1 Continuum entre la distance communicative et l'immédiat communicatif

La modélisation de l'espace entre la distance communicative et l'immédiat communicatif constitue, depuis des décennies, un projet de la recherche linguistique. L'approche la plus répandue fut celle de Koch et Oesterreicher (1985 ; 1994 ; 2011, 13). Elle occupe désormais le statut d'une base à laquelle on peut se référer (Hennig 2001, 219). Néanmoins, il y a des auteurs qui nomment des aspects critiques quant au modèle, dont Dürscheid (2003), Ágel / Hennig (2006) ou Thaler (2008). Tout en gardant l'idée principale d'un continuum entre les pôles de la distance communicative et de l'immédiat communicatif, ils proposent des révisions qui incluent, entre autres, les médias numériques. Bien que Koch et Oesterreicher (2011, 13–14) cherchent à prendre en compte de nouvelles formes de communication, les publications plus récentes nous montrent que cela ne s'effectue pas sans difficultés. Dans le cadre de l'analyse suivante, nous nous appuierons sur le modèle de Dürscheid (2003).

3.1.1 Modifications introduites par Dürscheid (2003)

Dürscheid (2003) voit des problèmes sur deux niveaux. D'une part, l'émergence de nouvelles formes de communication exige une adaptation du modèle. C'est dans ce sens que Wüest (2009, 149) constate : « [...] [L]es nouveaux médias électroniques ont créé de nouvelles situations de communication qui ne font que compliquer le rapport entre l'écrit et le parlé ». D'autre part, la conception du terme 'médium' selon Koch et Oesterreicher (1985 ; 1994 ; 2011) ne concerne que la distinction entre une représentation orale et une représentation écrite de la langue. Cette perspective trop étroite empêche la considération du fait que le médium de communication a toujours un effet sur le choix des moyens d'expression. C'est pour cela que Dürscheid fait une distinction entre 'médialité' (écrit / parlé) et 'médium'. Elle définit ce dernier en tant qu'outil concret, à l'aide duquel des signes linguistiques peuvent être produits, renforcés, conservés, transmis et perçus. Sans une telle différenciation, l'objet d'étude ne pourrait pas être saisi de manière adéquate (Holly 1997 ; Dürscheid 2003, 37–39).

Conséquemment à la mise en évidence des déficits décrits, Dürscheid propose les trois élargissements suivants du modèle : premièrement, elle rajoute la distinction entre une communication synchrone, quasi-synchrone et asynchrone. Deuxièmement, l'autrice explique que ce sont seulement des types de textes et de discours[4] qui peuvent être intégrés au continuum. En revanche, il n'est pas possible de classer des formes de communication. Troisièmement, Dürscheid renonce à la terminologie de Koch et Oesterreicher (1985, 23) pour décrire les bords du continuum en faveur du pôle d'oralité et du pôle de scripturalité (Dürscheid 2003, 48–52).

Voici une illustration des modifications introduites par Dürscheid :

		konzeptionell mündlich				konzeptionell schriftlich	
medial mündlich	synchron	D_1 D_2 D_3 D_4		[...]		D_x	
	asynchron	T_1 T_2		T_3	T_4	[...] T_x	
medial schriftlich	quasi-synchron	D_1 D_2 D_3 D_4		[...]		D_x	
	asynchron			T_1 T_2 T_3 T_4	[...]		T_x

Tableau 1 : Élargissement du modèle de Koch et Oesterreicher (Dürscheid 2003, 49)

L'encerclement est rajouté a posteriori. Il marque l'espace où se situent les vidéos *YouTube*, ce qui sera élaboré dans le prochain chapitre. Pour un classement plus précis, il sera nécessaire d'étudier l'exemple concret d'une vidéo (§ 4).

---

4   Le discours est défini comme communication réciproque. Comparé au texte, il se trouve généralement plus près du pôle d'oralité (Dürscheid 2003, 41).

3.1.2 Les vidéos YouTube *dans le modèle de Dürscheid (2003)*

Les vidéos publiées sur *YouTube* peuvent être jugées en tant que communication asynchrone entre le *YouTubeur* (émetteur) et le spectateur (récepteur) réalisée de manière orale. L'asynchronicité s'explique par le fait que le canal de communication n'est ouvert que du côté de l'émetteur. Comparable à une conférence, la situation change après la publication de la vidéo. Grâce à la fonction de commentaires, les abonnés ont la possibilité d'entrer en contact avec le *YouTubeur* ainsi qu'avec d'autres abonnés.

Conformément à l'autrice, il faut mettre en évidence qu'il n'est pas possible de situer les vidéos *YouTube* dans le continuum de manière générale. Pour expliquer ce fait, il paraît utile de suivre la distinction entre médium de communication, forme de communication et sortes de textes et de discours : les médiums de communication sont définis comme des outils matériels qui servent à la communication à travers l'espace (Dürscheid 2003, 40). Dans le cas présent, ce sont des terminaux avec accès à Internet. Les vidéos publiées sur *YouTube* représentent, en revanche, une forme de communication. Il s'agit là d'une constellation virtuelle (Holly 1997, 69), rendue possible par les médiums de communication. En outre, les vidéos peuvent être divisées en plusieurs 'types de texte' (Dürscheid 2003, 40). Différentes des formes de communication, les sortes de texte disposent d'une certaine fonction thématique (Brinker 2001). Quant aux formats audiovisuels publiés sur *YouTube*, il ne s'agit donc pas d'un seul genre narratif. Ils varient, au contraire, en ce qui concerne leurs contenus et leur architecture. Premièrement, il y a, à titre d'exemple, des rubriques d'humour, de beauté ou de jeux vidéo. Deuxièmement, il existe différentes sortes de vidéos, comme les tutoriels, les tests de produits ou les blogs vidéo (vlogs). Une classification dans le continuum, entre le pôle d'oralité conceptionnelle et le pôle de scripturalité conceptionnelle, n'est possible qu'en examinant une vidéo en détail.

3.2 Le privé dans les médias

La question centrale à traiter ici étant celle de savoir si les vidéos sur *YouTube* peuvent servir comme source du discours de proximité, il paraît pertinent de choisir un exemple qui donne, à première vue, un aperçu de la vie privée du *YouTubeur*. Cette considération se fonde sur l'idée selon laquelle le privé est jugé comme pouvant servir d'indicateur d'authenticité et de réalité (Grimm / Krah 2014, 5). De plus, pour Koch et Oesterreicher (2011, 7–10), le privé représente une condition de communication typique de l'immédiat communicatif.

Néanmoins, les sciences des médias nous apprennent que la privacité véhi-
culée par les médias reste toujours paradoxale car les contenus publiés sur
Internet sont accessibles à tout le monde et donc fortement publics. Le privé
communiqué par les médias ne peut être qu'une mise en scène d'authenticité. Il
ne s'agit pas d'une documentation neutre de la vie réelle mais plutôt d'une ins-
trumentalisation d'intimité apparente comme stratégie de commercialisation
(Grimm / Krah 2014, 4–6).

La privacité simulée sur *YouTube* ne correspond donc pas à la privacité de la
vie réelle, telle qu'on la trouve en famille ou entre amis. D'ailleurs, les constructions d'authenticité dans les médias compliquent la distinction entre la réalité
'réelle' et simulée avec des transitions floues. C'est ce dont il faut être conscient
lorsqu'on analyse des vidéos publiées sur *YouTube* comme base potentielle du
discours de proximité.

4. L'analyse empirique d'une vidéo YouTube

La vidéo choisie comme base de l'analyse remplit les conditions de 'privacité'
apparente, tout en gardant le paradoxe inhérent au privé communiqué par les
médias. Avant de l'étudier en fonction d'une classification dans le continuum,
la chaîne et le contenu de la vidéo seront brièvement présentés.

4.1 Présentation de la chaîne et du contenu de la vidéo

La vidéo choisie fut publiée sur la chaîne d'une *YouTubeuse* d'environ 30 ans.
Le clip d'introduction du canal, auquel plus de 95.000 personnes sont abonnées
en mars 2017, met en évidence son caractère intime envisagé par l'émettrice.
Ainsi, la *YouTubeuse* annonce vouloir devenir la camarade de petit-déjeuner de
ses abonnés :

> [Ex. 1] *Mes vidéos, elles sortent tous les jours à six heures du matin, ce qui fait de moi ta
> pote de petit-dej* […]. [vidéo 1, 0:30]

En publiant une vidéo par jour, la *YouTubeuse* donne la possibilité aux spectateurs de l'accompagner dans sa vie quotidienne. Tel un proche, elle formule
l'intention suivante en s'adressant à ses abonnés :

> [Ex. 2] *J'essaie de te donner le plus d'amour possible, j'essaie de me comporter comme
> une grande sœur, et, euh, j'essaie de t'aider à avancer dans cette vie.* [vidéo 1, 1:09]

De manière explicite, la *YouTubeuse* parle d'un sentiment d'amour envers ses
fans. De plus, elle se présente en tant que conseillère avec le but d'influer sur le
développement personnel des abonnés.

L'exemple choisi pour l'analyse empirique s'intitule « Vlog bonheur #246 ». Publié le 10 février 2017, il avait plus de 21 mille vues en mars 2017. La durée est de 21:42 minutes. Il s'agit d'un blog vidéo, c'est-à-dire que la *YouTubeuse* montre des extraits de sa journée. Les scènes se déroulent exclusivement dans l'appartement de la bloggeuse, débutant dans la salle de séjour et s'achevant dans la cuisine. À part une brève interruption par son partenaire (vidéo 2, 4:13–4:30), la *YouTubeuse* reste seule et s'adresse directement aux spectateurs. Pendant qu'elle danse, cuisine et rédige une liste d'activités, elle partage des informations sur sa vie émotionnelle, telles que des sentiments dépressifs à cause d'une solitude sociale :

> [Ex. 3] *Bon, faut que je te dise, depuis plusieurs jours j'uis méga déprimée. Je sais que ça se voit pas parce que j'ai une capacité folle à faire la folle quand je suis déprimée et à rigoler, mais la vérité vraie, c'est que je suis vachement déprimée. Pourquoi j'uis déprimée ? Parce que je suis hyper seule.* [vidéo 2, 4:37–4:53]

À l'aide de l'introduction du vlog, il est déjà possible d'énumérer quelques facteurs indiquant le contexte privé transmis par la vidéo, dont le lieu de tournage (le domicile privé de la *YouTubeuse*) et la communication d'informations personnelles révélant les anxiétés de l'émettrice. Ces premiers indices de privacité seront maintenant analysés de manière plus détaillée.

4.2 Les conditions de communication du *Vlog bonheur #246*

Pour classer des textes dans le continuum entre le pôle d'oralité conceptionnelle et de scripturalité conceptionnelle, Koch et Oesterreicher (2011, 7–10) proposent des conditions de communication opposées et typiques des deux pôles. Dans ce qui suit, le *Vlog bonheur #246* sera donc analysé en fonction des conditions de communication. Voici le résumé :

Tableau 2 : Les conditions de communication dans le *Vlog bonheur #246*

conditions de communication	pôle d'oralité conceptionnelle	pôle de scripturalité conceptionnelle
a) domaine privé vs. public	privé : informations privées	public : Internet en tant qu'espace public
b) familiarité vs. étrangeté	évocation d'intimité, abonnés	aucune connaissance personnelle
c) émotions ?	✓	/

(suite)

Tableau 2 :   Les conditions de communication dans le *Vlog bonheur #246* (*suite*)

conditions de communication	pôle d'oralité conceptionnelle	pôle de scripturalité conceptionnelle
d) intégration dans la situation et dans l'action ?	invitation à donner des conseils et à participer au 'plan d'action'	absence lors de la production des vidéos
e) référence à « l'ici et le maintenant » du locuteur ?	✓	/
f) proximité vs. distance physique	proximité apparente (Internet)	distance dans la vie réelle
g) coopération ?	fonction de commentaires	absence lors de la production des vidéos
h) dialogue vs. monologue	fonction de commentaires	absence lors de la production des vidéos
i) spontanéité ?	✓	/
j) liberté thématique ?	✓	/

Ainsi que nous pouvons le constater dans le tableau ci-dessus, il n'est pas toujours possible de prendre une décision claire quant à la distribution des conditions. Il n'y a donc pas de réponse univalente à la question de savoir si le vlog fait partie du domaine privé ou du domaine public (condition a)). Le partage d'informations et d'espace intime peut être jugé comme signe du privé. En revanche, la privacité mise en scène sur Internet ne correspond jamais à la privacité de la vie réelle (Grimm / Krah 2014, 4–6).

Nous pouvons également le constater dans la condition b) qui concerne la relation entre la *YouTubeuse* et l'abonné : bien qu'un lien de familiarité soit envisagé par la bloggeuse (ex. 1 et 2), il n'y a aucune connaissance personnelle. Elle aborde elle-même le sujet :

[Ex. 4] *Je vous aime de tout mon cœur, tous mes amis virtuels, mais j'avoue des fois j'aimerais bien avoir de vrais amis en chair et en os* [...]. [vidéo 2, 5:47–5:52]

Néanmoins, il y a des conditions plus claires, telles que la démonstration d'émotions (condition c)). La bloggeuse manifeste clairement des émotions, par exemple quand elle « avoue » (ex. 4) être déprimée pour ne pas avoir d'amis (ex. 3 et 4).

La prochaine condition de communication d) – intégration dans la situation et dans l'action – reste de nouveau ambiguë : alors que le spectateur n'est pas présent lors de la production de la vidéo, la *YouTubeuse* lui adresse directement la parole et l'intègre, de cette façon, à la situation. Pour réagir au sentiment de solitude, la bloggeuse se décide à rédiger une liste d'amis auxquels elle pourrait rendre visite :

[Ex. 5] *J'ai décidé de me faire un plan d'action, faut que j'arrête d'être comme ça et je vais mettre sur mon frigo un papier avec les noms de mes potes que je peux voir potentiellement, qui habitent pas loin […] bref, je vais faire quand même ce plan-là, ce papier-là, on va le faire ensemble, je vais noter les noms de mes amis qu'il faut que je voie et je vais m'engager à tous les voir. D'accord ? Et on va s'engager... Je m'engage devant toi.* [vidéo 2, 6:41–7:09]

L'utilisation de *on* comme pronom personnel de la première personne du pluriel ainsi que de la seconde personne du singulier pour parler aux abonnés démontre leur implication dans la vidéo et dans la vie de la *YouTubeuse* en général. Au lieu de rester passif, le spectateur obtient le rôle actif en tant que superviseur du plan d'action.

De plus, la citation sert d'exemple de la condition e), la référence à « l'ici et le maintenant » de la *YouTubeuse*. Quand elle parle de son réfrigérateur, où elle mettra la liste de noms, elle le fixe des yeux (vidéo 2, 6:46–6:48). De cette façon, elle crée un lien entre ce qu'elle dit et le contenu de ses paroles et leur donne ainsi un lieu et un temps concrets.

La condition f) concerne la relation entre la bloggeuse et le spectateur : se caractérise-t-elle par la proximité ou par la distance physique ? La production de la vidéo se réalise de manière séparée, localement et temporellement, des abonnés. Ce n'est qu'après la publication de la vidéo que la distance physique est apparemment nivelée parce que tout le monde peut y recourir.

Quant à la caractéristique g), il est de nouveau nécessaire de se poser la question s'il existe oui ou non une coopération entre la bloggeuse et les spectateurs. D'un côté, nous pourrions dire que 'non' puisque les récepteurs ne sont pas présents lors de la production de la vidéo. De l'autre côté, la *YouTubeuse* s'adresse directement aux abonnés et leur demande des conseils :

[Ex. 6] *Toi, donne-moi tes astuces anti-déprimes et dis-moi si tu es déprimée aussi quand tu vas avoir tes règles ou quand tu as tes règles […] Est-ce que tu crois que ça existe des déprimes hormonales ? C'est possible tu crois ?* [vidéo 2, 11:45–12:02]

En utilisant la fonction de commentaires, les abonnés ont la possibilité d'entrer en contact avec la *YouTubeuse*, ce qu'elle demande de manière explicite. À part la communication sur *YouTube*, elle attire l'attention du spectateur sur d'autres réseaux sociaux sur lesquels elle souhaite être contactée :

[Ex. 7] *Si tu as des questions il ne faut pas hésiter à me les poser dans les commentaires parce que je réponds régulièrement que ce soit dans mes vlogs, dans mes vidéos quotidiennes ou bien dans les FAQ qui sont tagguées, je suis hyper joignable, donc n'hésite surtout pas à m'ajouter sur tes réseaux sociaux, à me poser des questions également, tu pourras me retrouver sur, (euh), Facebook, Instagram, Twitter, Snapchat, et voilà. Et c'est déjà pas mal.* [vidéo 1, 0:44–1:05]

Pour la condition h), monologue vs. dialogue, on suit la même argumentation. L'exclusion de la production de la vidéo peut partiellement être compensée par le recours à d'autres formes de contact.

Les deux dernières conditions de communication (i), j)) proposées par Koch et Oesterreicher (2011) concernent la spontanéité du discours et la liberté de choix des thèmes. Dans le vlog analysé, le changement rapide de sujets démontre que le texte n'est pas soumis à une structure élaborée auparavant. Dans l'exemple suivant, la *YouTubeuse* commente la préparation d'un gâteau tout en mentionnant d'autres thèmes, tels que sa mauvaise humeur :

[Ex. 8] *Un thé sans sucre… je vais mettre mes amandes. Franchement, j'ai pas envie de bosser, j'ai la flemme. La vérité, j'ai **trop la flemme, trop la flemme.** Bon, on va dire ça fait 140 [grammes de farine]. Après je mets les deux œufs, le sucre… Est-ce que ça te le fait aussi des fois, t'as alors tellement envie que la journée se termine que tu as aucune envie en fait de dormir pour être à un autre jour quoi. Tu vois, ce sentiment-là ? Ben, en ce moment, tous les soirs, c'est ça. **Tous les** … et j'arrive pas à dormir en plus. Ce qui est terrible ! Tu vois, quand tu veux que ce soit un autre jour et t'arrives pas à dormir. Putain là, rien, il se passe rien de spécial. 100 grammes de sucre. Ça me donne mal aux dents tout ce sucre.* [vidéo 2, 13:25–14:08]

À part la juxtaposition de sujets complètement différents, la spontanéité apparente de ce passage est renforcée au niveau de la langue : des répétitions ('trop la flemme') ou des ellipses ('Tous les…') sont des marqueurs linguistiques du discours non-planifié.

En somme, les conditions c), e), i) et j) favorisent un classement du *Vlog bonheur #246* vers le pôle de l'immédiat communicatif. En revanche, il y a des arguments équivoques quant aux autres critères. Cela nous donne à peu près le relief de communication[5] suivant :

---

5   Koch et Oesterreicher (2011, 8–9) visualisent les reliefs de communication de la lettre privée, du sermon et de l'entretien d'embauche.

Tableau 3 : Le relief de communication du *Vlog bonheur #246*

	proximité	distance
a)		
b)		
c)		
d)		
e)		
f)		
g)		
h)		
i)		
j)		

4.3 Les critères du discours de proximité et de distance dans le *Vlog bonheur #246*

Bien que les conditions de communication du *Vlog bonheur #246* nous donnent des premiers indices quant à sa position dans le continuum, le classement reste parfois ambigu. Pour souligner le caractère immédiat du vlog, le tableau suivant donnera un aperçu des critères typiques du discours de proximité et de distance[6] présents dans le vlog :

Tableau 4 : Les critères du discours de proximité et de distance dans le *Vlog bonheur #246*

critères du discours	proximité	distance	proportion
ça vs. *cela*	50	0	50:0
passé composé vs. passé simple	33	0	33:0
futur composé vs. futur simple	51	10	51:10
non-réalisation vs. réalisation de la particule *ne* dans la négation	52	5	52:5
interrogation par intonation vs. inversion	16	0	16:0
on vs. *nous*	28	0	28:0
total	**230**	**15**	**230:15**

---

6   Les critères typiques du discours de proximité et de distance en français se trouvent par exemple chez Koch et Oesterreicher (2011, 164–183) ou chez Barme (2012, 69–84).

Les critères visualisés dans le tableau remplissent les exigences suivantes :
ils sont présents dans le *Vlog bonheur #246* et ils sont faciles à vérifier à la base
d'une transcription morphologique. Ainsi que nous pouvons le constater, il y
a une prépondérance incontestable des critères typiques de la proximité communicative avec une proportion totale de 230 vs. 15. Ce bilan clair soutient le
caractère immédiat du vlog.

5. Conclusion

Pour conclure, il paraît légitime de retenir que l'analyse empirique dirige le *Vlog
bonheur #246* vers le pôle de l'oralité conceptionnelle du continuum proposé
par Dürscheid (2003). Cela se manifeste surtout dans les critères du discours
de proximité remplis dans le vlog et dans le fait que la *YouTubeuse* a l'intention
d'établir une relation intime avec les abonnés. Voilà pourquoi elle les implique
dans sa vie intime et s'adresse directement à eux en utilisant le pronom de la
deuxième personne du singulier « tu » et en leur demandant des conseils en ce
qui concerne ses états émotionnels.

Bien que le cadre théorique nous enseigne que le privé instrumentalisé par
les médias numériques ne correspond pas à un privé authentique (Grimm /
Krah 2014, 4–6), l'analyse du vlog nous montre que de nombreuses caractéristiques de l'immédiat communicatif sont prises en compte.

Dans l'ensemble, nous constatons que le blog vidéo ne représente pas l'exemple
prototypique du pôle de l'oralité conceptionnelle. En tenant compte des aspects
critiques élaborés dans le cadre théorique, *YouTube* nous semble pourtant représenter une source précieuse d'une langue parlée informelle et non-planifiée.

Références

Ágel, Vilmos / Hennig, Mathilde (2006) : *Grammatik aus Nähe und Distanz.
Theorie und Praxis am Beispiel von Nähetexten 1650 – 2000.* Tübingen : de
Gruyter.

Barme, Stefan (2012) : *Gesprochenes Französisch.* Berlin et al. : de Gruyter.

Blackwood, Robert (2013) : French, language policy and new media. Dans : *Socio-
linguistica* 27, 37–53.

Brinker, Klaus (⁵2001) : *Linguistische Textanalyse. Eine Einführung in Grundbe-
griffe und Methoden.* Berlin : Schmidt.

Dürscheid, Christa (2003) : Medienkommunikation im Kontinuum von
Mündlichkeit und Schriftlichkeit. Theoretische und empirische Probleme.
Dans : *Zeitschrift für angewandte Linguistik* 38, 37–56.

Hennig, Mathilde (2001) : Das Phänomen des Chat. Dans : *Jahrbuch der ungarischen Germanistik*. Budapest : DAAD, 215–239.

Holly, Werner (1997) : Zur Rolle von Sprache in Medien. Semiotische und kommunikationsstrukturelle Grundlagen. Dans : *Muttersprache* 1, 64–75.

Koch, Peter / Oesterreicher, Wulf (1985) : Sprache der Nähe – Sprache der Distanz. Mündlichkeit und Schriftlichkeit im Spannungsfeld von Sprachtheorie und Sprachgeschichte. Dans : *Romanistisches Jahrbuch* 36, 15–43.

Koch, Peter / Oesterreicher, Wulf (1994) : Schriftlichkeit und Sprache. Dans : Günther, Hartmut / Ludwig, Otto (éds.) : *Schrift und Schriftlichkeit. Ein interdisziplinäres Handbuch internationaler Forschung*. Berlin : de Gruyter, 587–604.

Koch, Peter / Oesterreicher, Wulf (²2011) : *Gesprochene Sprache in der Romania: Französisch, Italienisch, Spanisch*. Berlin et al. : de Gruyter.

Labov, William (1970) : The study of language in its Social Context. Dans : *Studium Generale* 23/1, 30–87.

Lodge, R. Anthony (1989) : Speakers' perceptions of non-standard vocabulary in French. Dans : *Zeitschrift für romanische Philologie* 105, 427–444.

Lodge, R. Anthony (1993) : *French: from dialect to standard*. London : Routledge.

Thaler, Verena (2008) : Mündlichkeit, Schriftlichkeit, Synchronizität. Eine Analyse alter und neuer Konzepte zur Klassifizierung neuer Kommunikationsformen. Dans : *Zeitschrift für Germanistische Linguistik* 35, 146–181.

Wüest, Jakob (2009) : La notion de diamésie est-elle nécessaire ?. Dans : *Travaux de linguistique* 2/59, 147–162.

Ziegler, Arne / Dürscheid, Christa (2003) : *Kommunikationsform E-Mail*. Tübingen : Stauffenburg.

Sources Internet

Grimm, Petra / Krah, Hans (2014) : *Ende der Privatheit? Eine Sicht der Medien- und Kommunikationswissenschaft*. URL : http://www.digitale-ethik.de/forschung/publikationen/online-publikationen/ (08/03/2017).

Krémer, Pascale (2015) : *Les YouTubers, plus forts que les rockstars*. URL : http://www.lemonde.fr/pixels/article/2015/11/08/les-youtubers-plus-forts-que-les-rockstars_4805441_4408996.html (02/03/2017).

Laboratoire ICAR : *CLAPI. Corpus de langues parlées en interaction*. URL : http://clapi.ish-lyon.cnrs.fr/V3_Accueil.php?interface_langue=FR (02/03/2017).

Vidéo 1 : *Vidéo de présentation de la chaîne*. URL : https://www.youtube.com/channel/UClhucq0kKFA5tSmk3H7Yz6w (15/03/2017).

Vidéo 2 : *Vlog bonheur #246. Super déprimée.* URL : https://www.youtube.com/watch?v=4FS6GoWxLYY (15/03/2017).

YouTube : *À propos de YouTube.* URL : https://www.youtube.com/yt/about/fr/ (02/03/2017).

Magali Bigey / Justine Simon

Adresses et mentions sur Twitter : subtilités d'exploitation des espaces semi-privés et semi-publics

Abstract: L'écriture hypertextuelle est une pratique communicationnelle qui tend à se complexifier. Les liens hypertextes incitant au clic – encore appelés « signes passeurs » (Souchier *et al.* 2003) – sont omniprésents sur nos écrans et offrent une multitude d'usages qui méritent une attention particulière.

L'un de ces passeurs, apparu sur le réseau socionumérique *Twitter*, se construit à partir du signe arobase suivi du nom d'un utilisateur (parfois un pseudonyme). Ce signe, hors sa fonction d'identification du compte, offre également les fonctions d'adresse et de mention, en ciblant des espaces d'expression qui oscillent entre semi-privé et semi-public.

En conjuguant les apports des sciences du langage (et notamment de l'analyse du discours et de la sémiolinguistique) et des sciences de l'information et de la communication, nous proposons une analyse détaillée des usages de ce signe à partir d'un corpus composé des 10000 tweets les plus retweetés durant la période de mai à octobre 2014.

Keywords: Twitter, X, espace semi-privé, espace semi-public, hypertexte, arobase, twitto

1. Introduction

Le travail que nous présentons ici est axé sur l'usage de l'@robase dans le réseau de micro-blogging Twitter ;[1] notre questionnement se situe au niveau des interactions et des subtilités d'exploitation telles qu'elles peuvent être utilisées dans cet espace. Nous nous sommes intéressées à la notion d'espaces, privés, publics, ou plutôt semi-privés et semi-publics, dans les pratiques technodiscursives d'adresse et de mention. C'est une recherche qui entre dans le cadre du projet ANR Obsweb-InfoRSN,[2] dans lequel nous avons tenté d'identifier les modalités de circulation et de partage de l'information à partir d'une forme particulière de « discours hypertextualisé » : le tweet (Simon 2018 ; 2016 ; 2015). Le questionnement principal de cet article porte sur le signe arobase suivi du nom d'un utilisateur, signe passeur appelé communément « mention » (Longhi 2013), qui offre des possibilités d'adresses et de mentions subtiles méritant une attention

---

1 Cette plateforme s'appelle X depuis 2023.
2 Simon *et al.* 2017. Site du projet : https://obsweb.net/anr-info-rsn/.

particulière. Nous étudions donc ici l'usage qui en est fait par les personnalités politiques, les journalistes ou les twittos lambda. Nous verrons quels sont les enjeux communicationnels, de persuasion ou de sociabilité liés aux usages stratégiques de ce signe passeur, dans un travail qui allie plusieurs disciplines.

Notre étude concerne un corpus constitué des 10 000 tweets les plus retweetés durant une période de six mois (2014). Dans la première partie de cet article, nous présenterons la plateforme de microblogging Twitter et son fonctionnement puis les étapes de constitution du corpus ; enfin nous analyserons quelques cas d'utilisation de ces types d'accroches que sont les mentions dans les sphères privées et publiques. Nous verrons, à partir d'analyses de mécanismes discursifs explicites utilisés par les twittos, comment ils tentent d'attirer le lecteur en suscitant chez ce dernier un double intérêt, qui se situe à deux niveaux distincts :

- Niveau 1 (ARTICLE) : encourager à se rendre sur le site d'information afin de lire l'article partagé
- Niveau 2 (TWEET) : encourager à faire à son tour circuler l'information (ajout aux favoris, RT servile, réponse, RT manuel en copié/collé)

Cette recherche, se situant au carrefour des Sciences du Langage et des Sciences de l'Information et de la Communication, produit donc une analyse des stratégies discursives interactionnelles. Elle est non seulement en lien avec la problématique de circulation de l'information journalistique, mais envisage aussi plusieurs dimensions sémiodiscursives : énonciative, pragmatique et argumentative.

2. Twitter : subtilités d'usages

Les dispositifs numériques permettent, grâce au lien hypertexte, de renouveler les pratiques et d'utiliser de nouvelles stratégies d'accroches dans la volonté de mettre en commun une information. Les mentions sont l'exemple parfait d'accroches car, en qualité de procédés technodiscursifs, elles relèvent d'une interaction réelle avec le public visé. En effet, dans l'usage du signe arobase suivi du nom du compte (@xxx), la personne à qui appartient ce compte reçoit automatiquement une notification qui l'informe que son compte a été mentionné dans un tweet. Sachant que l'usage du signe arobase suivi du nom du compte peut recouvrir deux fonctions discursives principales, la fonction d'adresse (formes d'interpellation ou de prise à témoin qui permet d'attirer l'attention de personnes ciblées) et la fonction de mention (qui relève d'un usage autonyme du signe, où le nom du compte – et par métonymie la personne à qui appartient ce compte – fait l'objet du discours), cela engendre diverses stratégies communicationnelles que nous développerons ci-après et illustrerons à partir d'exemples issus de notre corpus.

3. Le corpus de travail

C'est donc dans un corpus de tweets contenant tous un lien URL que nous avons effectué cette recherche. Pour sa constitution, dans un premier temps nous avons collecté tous les tweets de 32 médias d'information distincts contenant un lien URL, sur une période de six mois (allant de mai à octobre 2014).

Tableau 1 : les 32 sites d'information sélectionnés

lequipe.fr	nouvelsobs.com	lexpress.fr	france24.com
lemonde.fr	liberation.fr	lesechos.fr	latribune.fr
lefigaro.fr	lepoint.fr	huffingtonpost.fr	franceinter.fr
leparisien.fr	20minutes.fr	rue89.com	franceinfo.fr
lequipe.fr	nouvelsobs.com	lexpress.fr	france24.com
lemonde.fr	liberation.fr	lesechos.fr	latribune.fr
lefigaro.fr	lepoint.fr	huffingtonpost.fr	franceinter.fr
leparisien.fr	20minutes.fr	rue89.com	franceinfo.fr

Le nombre total de tweets exploitables recensés, sur la base de leur identifiant unique Twitter, est de 13 961 683 parmi lesquels 6 705 524 tweets et 7 256 159 retweets. C'est à partir de ce corpus que nous avons extrait les 10 000 tweets les plus retweetés, puis avons formalisé ce sous-corpus en supprimant, pour cette partie de la recherche, plusieurs types de tweets dont les tweets serviles (qui sont des retweets de tweets originaux, sans aucun ajout), les liens secs et les tweets uniquement constitués de caractères spéciaux, pour un résultat de 7 434 tweets.

Après toutes les opérations de tris, suppression de tweets automatisés (édités par des robots), vérification des types de comptes (pour une mise de côté, pour ce travail, de publications présentées dans le tableau ci-après), nous avons obtenu un total de 181 observables répartis comme suit :

– Tweets hypertextualisés (grâce à l'@robase) émis par des twittos ordinaires : 108
– Tweets hypertextualisés (grâce à l'@robase) émis par des personnalités politiques : 13
– Tweets hypertextualisés (grâce à l'@robase) émis par des journalistes : 60

Tableau 2 : recensement des opérations de tri

Corpus des 10 000 tweets qui ont suscité le plus de retweets (mai-octobre 2014)	10 000
Après suppression (tweets serviles, liens secs, caractères spéciaux)	7 434
Mise de côté des tweets non publiés par des médias ou journalistes	1 044
Vérification : suppression des publications automatisées	1 005
Mise de côté des **tweets de twittos ordinaires**	891
Repérage des usages significatifs des @robases (hors utilisation servile avec le via)	**108**
Mise de côté des **tweets de personnalités politiques**	114
Repérage des usages significatifs des @robases (hors utilisation servile avec le via)	**13**
Mise de côté des tweets identifiés médias et journalistes	6 390
Repérage des usages significatifs des @robases (hors utilisation servile avec le via)	310
Vérification : suppression des publications automatisées	124
Mise de côté des **tweets de journalistes**	**60**

Dans ce tableau, qui présente l'évolution du corpus suite aux tris par type de compte émetteur, on voit clairement que les opérations ne sont automatisables, les variables changeant beaucoup, tout a donc été identifié manuellement à partir du corpus des 10 000 tweets les plus retweetés.

4. L'interactivité sur Twitter

En lien avec les niveaux d'interactivité de Twitter cités précédemment, nous allons voir comment Twitter fonctionne en matière de possibilités technodiscursives de production et de diffusion de l'information se situant à différents niveaux de visibilité. La construction d'échanges sur Twitter se réalise en effet à la fois dans un espace public (ou twittosphère correspondant à la majorité des comptes qui sont rendus publics par leur auteur) et privé (qui concerne les comptes protégés et les messages privés). Parmi les pratiques technodiscursives autorisées par Twitter, un usage particulier attire notre attention, celui de l'insertion d'un ou de plusieurs liens hypertexte composés du signe arobase (@) suivi du nom d'un utilisateur (parfois un pseudonyme). Ce signe – hors sa fonction d'identification du compte – offre des possibilités d'adresse et de mention permettant de cibler des espaces de communication qui oscillent entre semi-privé et semi-public. Il correspond également à un lien direct vers un profil de compte, qui devient par le fait facilement consultable. L'objectif de cet article est de mettre en évidence toutes les subtilités technodiscursives d'adresse et de mention qui conditionnent la circulation de l'information à travers ces différents espaces de communication.

4.1. Les différents espaces sur Twitter

– L'espace public

Twitter est un réseau socionumérique public. En effet, tous les échanges produits s'adressent potentiellement à une multitude d'utilisateurs twittos mais sont également visibles par des internautes non-inscrits sur ce réseau.

– L'espace semi-public

Chaque twitto s'adresse plus particulièrement à sa sphère de followers quand il publie une information, un message ou autre via un tweet.

– L'espace semi-privé

Chaque twitto peut orienter ses tweets vers une personne en particulier grâce à l'usage du signe @robase (que nous avons défini plus haut), suivi du nom de compte. À ce moment, on arrive à une structuration de « mini-publics », notion particulièrement propre à Twitter. Ces « mini-publics » sont qualifiés de délibératifs, et se cristallisent souvent autour de l'hashtag, élément de contextualisation du discours émis (Thimm *et al.* 2015). Chaque tweet est dirigé vers l'un de ces mini-publics, même si ces derniers ne représentent pas forcément un récepteur final unique.

– L'espace privé

Chaque twitto a la possibilité de protéger son compte et peut faire que ce dernier ne soit consultable que par une liste de twittos qu'il a exclusivement autorisés à le faire. Il peut également, à l'instar des autres twittos, envoyer des messages privés à destination d'autres comptes. Ces messages ne sont supposés[3] être vus que par les personnes émettrices et destinataires.

---

3   Supposés, car un compte destinataire peut effectuer une copie d'écran du message privé et ainsi le rendre public. Nous partons donc du point de vue de l'usage de départ des messages privés, et ne considérons pas, pour cette partie méthodologique des actions de publication, les pratiques qui peuvent en découler.

4.2. Les catégories de twittos

À la lumière des éléments vus précédemment concernant les espaces et les possibilités de mentions, nous allons voir comment l'identité du twitto peut avoir une importance sur la circulation, voire la réception, de l'information. Nous avons identifié trois catégories de twittos et les implications de leur positionnement :

- Les twittos ordinaires : ils évoluent dans la sphère privée et la sphère publique. De ce dernier point, et de leur reconnaissance dans leur sphère de followers, dépend la circulation de l'information et son impact.
- Les journalistes : ils se situent volontairement dans une sphère médiatique publique, et ce qu'ils publient est dépendant de leur identité ainsi que de sa reconnaissance dans l'espace public.
- Les personnalités politiques : ils évoluent dans la sphère publique, et comme les journalistes, l'impact de leur communication dépend bien souvent de leur notoriété dans l'espace public.

Bien entendu, comme dans toutes les formes de catégorisations, la frontière est parfois floue et en fonction des positionnements et messages, on peut se situer entre la sphère publique, la sphère médiatique et la sphère privée.

Maintenant que nous avons éclairé les usages et pratiques de l'arobase et des positionnements des twittos sur Twitter, nous allons voir comment, dans les faits, ils s'actualisent.

5. Mentions : pratiques et usages

Grâce à ce signe @ et au nom d'utilisateur, nous avons donc différents niveaux d'interaction que nous allons détailler ci-après.

Le cas de l'adresse simple : elle se présente sous la forme @xxx et est située au début du tweet, on mentionne un compte spécifique ou on lui répond sans forcément avoir l'intention que cette réponse soit rendue publique. En effet, seuls les comptes qui sont abonnés aux comptes en présence (le compte qui envoie le tweet et le compte mentionné) les verront apparaître dans leur timeline. Elle correspond à un ciblage précis de la ou des personnes destinataires. Cette forme d'adressage peut renvoyer également à la réalisation d'un acte de langage direct, par exemple des remerciements ou félicitations sous la forme « @xxx, merci / félicitations pour… ». Dans ce cas, il existe un lien fort entre le contenu de l'information mise en lien et l'identité du compte cité.

L'adresse publique : on l'utilise dans le but de rendre publique une conversation à caractère privé, afin d'attirer l'intérêt d'autres personnes à propos du sujet de la conversation ou encore de prendre à témoin tous les potentiels usagers de Twitter de ce qui est en train de se dire. Le principe de prendre à témoin est notamment utilisé pour interpeller des usagers. On voit que l'interpellation de personnalités (publiques, politiques ou médiatiques) n'a pas tout à fait le même impact sur l'espace public que celle de personnes « ordinaires » – avec toute la prudence qu'il faut accorder à cette formulation. On suppose que l'adresse faite aux personnes plus ou moins connues et reconnues dans le cercle de connaissances de twittos peut avoir un impact spécifique sur la circulation de l'information. Cette remarque est également valable pour la mention au sens strict. L'usage d'un compte d'une personne notoire en adresse ou mention peut influencer sa réception et sa mise en circulation.

La mention : sous cette forme toujours identique qu'est @xxx , la mention peut toutefois avoir plusieurs fonctions que nous différencions des fonctions d'adresse (Bigey / Simon 2017 ; 2018a ; b ; c ; d) ; en effet, si l'adressage est bien souvent à visée plurielle, ayant pour volonté de rendre public le contenu du tweet, la mention a pour but d'informer et d'identifier dans le même temps. Elle est souvent incluse dans le texte du tweet, un discours d'escorte l'entoure qui permet au twitto de se positionner par rapport au contenu de l'information transmise par le biais du lien URL. Pour mieux comprendre ces subtilités et avant de développer les problématiques et usages d'espaces publics et semi-publics engendrés par la participation au réseau social Twitter, nous allons en détailler brièvement les usages et les illustrer ci-après.

5.1. La mention simple

Ce type de mention a deux buts, qui sont informer et identifier dans le même temps. On peut trouver ces mentions à n'importe quel endroit dans le tweet (début, milieu ou fin), mais la plupart du temps elles sont intégrées au discours du tweet dans le but de permettre au twitto émetteur de se positionner quant au contenu informationnel et au lien URL transmis. Par exemple, le fait de mettre en lettres capitales le terme *honteux* ajoute encore à l'effet de dénonciation : « L'article de @ BFMTV sur @pewdiepie est tout simplement HONTEUX ! ».

Chaque twitto peut donc informer, interpeller, prendre à témoin ou s'adresser directement à un autre utilisateur de manière semi-privée (car ici seuls les followers du compte verront spontanément le tweet). Son audience sera élargie quand des twittos répondront, ou relaieront le tweet par un retweet.[4]

---

4   Un retweet est un tweet republié par un autre compte, souvent follower du compte émetteur.

Dans un autre exemple, le compte @LaManifPourTous prend clairement à témoin tous ses followers (puisque le tweet commence par un autre signe que l'@), et souhaite interpeller directement Nicolas Sarkozy quant à sa position sur la Loi Taubira et particulièrement sur le mariage de personnes de même sexe et l'adoption par des couples homosexuels : « Dites @NicolasSarkozy on a compris pour la forme (et c'est plutôt bien), mais pour le fond, c'est quoi votre réponse ? ». Cela montre l'engagement du compte, relaie un questionnement et demande une réponse, réponse qui, si elle a peu de chance d'apparaître par retour de tweet, sera attendue et suivie par une partie des followers du compte émetteur.

Exemple d'adresse publique : dans cette situation, chaque twitto peut interpeller ou prendre à témoin une autre personne en s'adressant à elle de manière publique et visible dans la timeline de chacun de ses propres followers sur le réseau, grâce à l'ajout d'un signe généralement non invasif (souvent le point) devant l'arobase (.@xxx).

Le but ici est clairement rendre publique une conversation à caractère privé avec l'ajout de ce « . », afin d'attirer l'intérêt d'autres personnes à propos du sujet de la conversation ou encore de rendre témoins tous les potentiels usagers de Twitter de ce qui est en train de se dire : par exemple, « .@partisocialiste faut ralentir, avec un conflit d'intérêt par jour on n'arrive plus à suivre ». Ce principe de prise à témoin est couramment utilisé pour interpeller des personnalités publiques, politiques ou médiatiques. Dans cet exemple, on interpelle directement un compte (en l'occurrence un parti politique).

La mention : dans la mention, il s'agit toujours de citer un nom de compte d'utilisateur @xxx, et dans ce cas chaque twitto peut parler du compte à la troisième personne, le mentionner, afin de le faire ressortir clairement. Le but peut en être de faire connaître le compte ou la personne auprès de ses propres followers et de donner la possibilité de suivre cette personne (exemple du #FF ou #FollowFriday devant un nom de compte), ou d'inciter au débat à propos de la / des personne.s mentionnée.s, faisant souvent l'objet de l'actualité (encore une fois personnes pouvant être des personnalités publiques, politiques ou médiatiques).

Ce cas de la mention présente des subtilités de pratiques, car en pratiquant l' « arobasage »[5] d'un ou plusieurs mots du titre de l'article partagé en lien, on interpelle non seulement chaque personne derrière son compte, mais on

---

5   Le terme arobasage, créé dans le cadre de l'ANR Info-RSN, renvoie au fait de transformer le nom d'une personne ou d'un organisme en nom de compte Twitter.

l'informe également du fait qu'elle a été mentionnée. Ce procédé permet, dans la même pratique du procédé de mention, d'identifier un compte, et souvent par là même une personne, alors qu'elle ne l'était pas dans le discours initial ou le titre de l'article partagé. Bien sûr, l'arobasage est efficace uniquement si le compte cité existe.

Dans l'exemple suivant, nous sommes dans le cas d'un tweet que nous nommerons multimodal, qui insiste sur le contenu de trois manières différentes avec l'adjonction d'un lien URL, d'une illustration et d'un texte souvent assimilé à un discours d'escorte : « Quand les fans de @CEstrodi insultent Christiane Taubira... Ça fait froid dans le dos !!! (+ captures d'écran d'échanges) ». Dans la plupart des cas que nous avons relevés, les illustrations sont en lien direct avec le contenu de l'article représenté par le lien URL, mais parfois il s'agit de photos différentes, restant toutefois dans l'esprit de l'article. Cette publication de tweets multimodaux a plusieurs buts dont celui d'augmenter le contenu du tweet limité à 140 caractères, mais aussi celui d'axer la réception sur un élément bien défini. Nous avons en effet retrouvé nombre de tweets, particulièrement de journalistes en leur nom propre, qui utilisent ce procédé visant à faire circuler l'information tout en induisant un angle de réception déjà établi.

Mention de l'origine énonciative du tweet : chaque twitto peut évoquer le compte d'une personne en le citant - plus précisément en mentionnant l'origine énonciative d'un discours. L'arobase suivie du nom du compte est ainsi encore utilisée en mention. On peut évoquer le nom du compte en tant qu'origine énonciative d'un tweet ou d'une partie d'un tweet et/ou d'un article mis en lien lorsqu'il s'agit de citation de comptes médias, comme c'est le cas dans l'exemple qui suit : « @Le_Figaro : Le Prince William et son épouse attendent un deuxième enfant > lien URL Non ça c un chien (+ image du couple avec un enfant et un chien) ».

5.2. Adresses et mentions : subtilités d'exploitation des espaces semi-privés et semi-publics

Nous avons vu toutes les subtilités de mention et de citation sur Twitter, nous allons maintenant nous intéresser à l'exploitation d'espaces semi-publics et semi-privés sur la plateforme, en commençant par observer les tweets hypertextualisés de twittos ordinaires.

Un premier exemple ne se constitue que d'une simple mention. Ce dernier se situe dans un espace semi-privé et semi-public, du fait de sa constitution. En effet, bien que le tweet ne soit pas issu d'un compte privé, il s'agit juste d'un lien envoyé pour information à un autre compte Twitter, sans aucun commentaire ni aucun autre contenu ou marque. Ce niveau d'interaction est d'ordre semi-privé, voire privé car il s'agit ici manifestement d'une complicité entre les deux détenteurs de comptes. Personne hormis eux-mêmes ne peut connaître les motivations de production de ce tweet.

L'exemple qui suit montre l'inclusion d'une personnalité politique dans la sphère privée du twitto qui a écrit le tweet, nous sommes face à une adresse simple à une personnalité politique, type que l'on retrouve également très régulièrement en adresse à des partis politiques ou des médias : « Relaxées, les #Femen promettent de continuer. Cher @BCazeneuve, protégerez vous nos lieux de culte ? ».

Avec un autre exemple, nous voyons le recours à la mention autonyme (on mentionne son propre compte) : « L'@equipedefrance retrouve le top 10 du classement FIFA ». Là, le compte de l'Equipe de France de football donne des informations sur l'équipe elle-même, en renvoyant à un lien URL qui est un article sur son classement dans la fédération. C'est une mise en lumière non seulement de l'information, mais également du compte de manière distanciée de lui-même dans ce qu'on appelle une figuration de soi, un effacement de personne au profit de l'histoire racontée, ici le classement.

Enfin, d'autres exemples constituent des tweets hypertextualisés de twittos ordinaires, mentionnant des médias et s'exprimant sous la forme de médiacritiques positives et négatives, dans un niveau d'interaction semi-public.

Ici, ce sont des avis exprimés appuyés sur un lien URL et sur un discours d'escorte de ce lien, mettant en scène une dénonciation ou un discours de félicitations.

6. Les tweets hypertextualisés

Nous avons analysé plusieurs cas de ces tweets hypertextualisés, avec à chaque fois un exemple illustratif.

6.1. Tweets hypertextualisés de journalistes

Dans les mêmes cas que précédemment, les journalistes utilisent ces modes de publication pour interpeller indirectement ou dénoncer, parfois des personnalités politiques, comme dans le tweet suivant d'Edwy Plenel : « Comment @ jm_leguen peut-il faire la leçon à @tthevenoud quand lui-même a minoré de 700.000 euros sont patrimoine ? ».

Là, on retrouve l'arobasage et un journaliste qui reprend le titre de l'article en lien afin de le partager à sa manière. Dans sa reprise du titre il ajoute la locution « faire la leçon », discours d'escorte sous forme de commentaire personnel qui va forcément induire la lecture. Stratégiquement, le journaliste va plus loin que ce qui est dit dans l'article en faisant un lien avec l'affaire Le Guen et Thévenoud ; on évoque non seulement deux acteurs politiques à la troisième personne, mais on s'adresse également à eux : on est à la fois dans l'usage en mention et en adresse, dans l'espace public.

Ce dernier exemple de tweet hypertextualisé montre une technique de reprise simplifiée de l'article partagé, afin de donner l'essentiel de l'information avant même que le lecteur n'ait regardé l'article en lien.

6.2. Les tweets hypertextualisés de personnalités politiques

Dans les exemples qui suivent, nous verrons comment les personnalités exploitent les espaces semi-privés et semi-publics, souvent en accusation, dénonciation, plus rarement en soutien d'autres comptes.

Le premier exemple se présente ainsi : « Pour @NicolasSarkozy, le « président a mieux à faire que de commenter le foot » » > lien vers Le Figaro ». L'exemple montre à nouveau comment on peut orienter la réception d'un article avant même sa lecture, incitant à lire mais également donnant un ton critique pour l'extrait choisi.

Dans un autre exemple, on est clairement dans une forte critique du compte média mis en lien (@20Minutes) et dans le même temps une forte critique des spécialistes interviewés par le média : « Pour @20Minutes, le viol, c'est la faute des victimes et de leurs décolletés. Gros cons ». La personne qui a produit le tweet interprète le contenu de l'article et extrapole afin de faire surgir un sens qui orientera la réception de l'article par le lecteur.

L'exemple suivant est typiquement un cas d'accusation, dans l'espace public, de la part d'une personnalité politique (Marion Maréchal Le Pen) vers un adversaire : « #DPDA : Cet article prouve qu'@alainjuppe a été pris en flagrant délit de mensonge hier soir, sur la loi anti-burqa ».

Le tweet montre le positionnement du compte @Marion_M_Le_Pen quant à la personnalité d'Alain Juppé, qui est cité en mention, donc informé du tweet. C'est une stratégie de dénonciation sur la place publique, utilisant des arguments politiques et orientant la réception, encore une fois, de l'article en lien.

Enfin, le dernier exemple montre une forme d'auto-promotion de la part du compte d'un parti politique (@FN_officiel) au sujet d'une information médiatique : « D'après le magazine @TIME, @MLP_officiel serait la personnalité française qui « obsède le plus le web » ». Là, nous nous trouvons dans l'espace public médiatique avec un discours reprenant le titre de l'article en lien.

Le but ici est non seulement d'informer mais aussi d'attiser la curiosité des lecteurs dans ce but assumé de s'auto-promouvoir.

Il existe d'autres exemples d'auto-citation ou de mentions dans des buts de promotion, ce que nous avons vu ici n'est pas exhaustif mais montre bien les diversités d'actions possibles et les positionnements des comptes en fonction de la valeur du message à faire passer. Information, dénonciation, félicitations ou règlements de comptes, les pratiques liées aux possibilités d'usages de l'@ et de la plateforme Twitter sont très diverses et ciblées.

7. Conclusion

Nous avons vu, derrière différentes utilisations de l'@robase, des stratégies discursives et des positionnements dans les sphères privées et publiques. Avec les tweets de twittos ordinaires, on est face à beaucoup de formes médiacritiques, de positionnements argumentatifs tranchés vis-à-vis des événements d'actualité, et nous avons constaté une forte circulation de tweets avec ou sans commentaires (créés en citation). Du côté des tweets de journalistes, on a recensé assez peu d'adresses directes. Les mentions visent à interpeller les acteurs de l'actualité, privilégiant la plupart du temps la manière indirecte. Enfin, les tweets de personnalités politiques sont souvent le fait de critiques de leurs adversaires politiques et de dénonciations ; on trouve également des formes d'auto-promotion grâce à la médiatisation, dans une tentative d'accroissement de la visibilité du compte émetteur, donc du parti ou de la personnalité politique.

Ce jeu public/privé, sur Twitter, démontre une stratégie assumée de mentionner tout en créant une interpellation, la création d'une relation semi-privée avec la personne interpellée se créant implicitement. Tous ces usages ont pour finalité de rendre visible, de partager sur la place publique, même dans des usages semi-privés, des avis, des étonnements, des agacements. La maîtrise de ces subtilités d'usages permet d'affiner les stratégies discursives et de dépasser les espaces privés ou publics au profit de la communication.

Références

Bigey, Magali / Simon, Justine (2016) : De l'usage des mentions par les journalistes sur le réseau socionumérique Twitter. Dans : Liénard / Zlitni, 517-528.

Bigey, Magali / Simon, Justine (2016) : The goals of mentioning people on Twitter: analyzing the uses of @. Poster présenté au Colloque International NooJ 2016, České Budějovice (République Tchèque), 9-11 juin 2016.

Bigey, Magali / Simon, Justine (2018a) : De l'usage des mentions par les journalistes sur le réseau socionumérique Twitter. Dans : Liénard / Zlitni, 177-195.

Bigey, Magali / Simon, Justine (2018b) : @toidetweeter ! Rôle des adresses et mentions dans les tweets hypertextualisés. Dans : Simon, Justine (éd.) : *Le discours hypertextualisé : espace énonciatifs mosaïques*. Besançon : Presses Universitaires de Franche-Comté, 107-138.

Bigey, Magali / Simon, Justine (2018c) : Analyse des discours d'escorte de communication sur Twitter : essai de typologie des tactiques d'accroches et de mentions. Dans : Mercier / Pignard-Cheynel, 55-86.

Bigey, Magali / Simon, Justine (2018d) : Jean-Marie et Marine Le Pen comme chien et chat. Partage et critique de l'information à travers l'usage interactif des adresses et mentions sur Twitter. Dans : Meimaris, Michalis (éd.) : *Logiques de réseaux et nouvelles gouvernances*. Athènes : Éditions universitaires de l'Institut de communication appliquée (URIAC), 330-340.

Liénard, Fabien / Zlitni, Sami (éds.) (2016) : *Médias numériques et Communication électronique*. Actes du 4ème Colloque International Médias Numériques & Communication Electronique, 1-3 juin 2016. Mont Saint-Aignan : Éditions Klog.

Liénard, Fabien / Zlitni, Sami (éds.) (2018) : *Médias numériques et Communication électronique : enjeux de société*. Limoges : Lambert-Lucas.

Mercier, Arnaud (2013) : Twitter l'actualité : usages et réseautage chez les journalistes français. Dans : *Recherches en communication*, 39, 111-132.

Mercier, Arnaud / Pignard-Cheynel, Nathalie (éds.) (2018) : *#Info. Commenter et partager l'actualité sur Twitter et Facebook*. Paris : Éditions de la MSH.

Paveau, Marie-Anne (2013) : Technologie discursive, *Dictionnaire d'analyse du discours numérique (DADN), Technologies discursives, l'analyse du discours numérique (ADN)*, en ligne. URL : http://technodiscours.hypotheses.org/277 (20/09/2020)

Rabatel, Alain (2010) : Analyse pragma-énonciative des s/citations du site d'*Arrêt sur images. Argumentation et analyse de discours*, 16, en ligne. DOI : doi.org/10.4000/aad.806.

Saemmer, Alexandra (2014) : *Rhétorique du texte numérique*. Paris : Presses de l'ENSSIB.

Simon, Justine (2015) : Le discours hypertextualisé : une notion essentielle pour l'analyse du web. Dans : Saleh, Imad et al. (éds.) : *H²PTM 2015, Le numérique à l'ère de l'Internet des objets, de l'hypertexte à l'hyper-objet*. Paris : Hermès-Lavoisier, 3-20.

Simon, Justine (éd.) (2016) : « Le discours hypertextualisé : problématique de renouvellement des pratiques d'écriture et de lecture ». Dans : *Semen. Revue de sémio-linguistique des textes et discours*, n°42. Besançon : Presses Universitaires de Franche-Comté.

Simon, Justine (éd.) (2018) : *Le discours hypertextualisé : espace énonciatifs mosaïques*. Besançon : Presses Universitaires de Franche-Comté.

Simon, Justine / Toullec, Bénédicte (2016) : Le poids argumentatif des tweets multimodaux dans les récits médiatiques. Dans : Liénard / Zlitni, 227-238.

Simon, Justine / Toullec, Bénédicte / Badouard, Romain / Bigey, Magali / Compagno, Dario / Mercier, Arnaud / Pignard-Cheynel, Nathalie / Sebbah, Brigitte (2017) : L'influence des discours d'accompagnement sur le partage social. Identifier et analyser les discours d'escorte sur Twitter. Dans : Ledegen, Gudrun / Wigham, Clara W. (éds) : *Corpus de communication médiée par les réseaux : construction, structuration, analyse*. Paris : L'Harmattan, 52-70.

Simon, Justine / Toullec, Bénédicte (2018a) : Le poids argumentatif des tweets multimodaux dans les discours citoyens. Dans : Liénard / Zlitni, 159-175.

Simon, Justine / Toullec, Bénédicte (2018b) : Quand les tweets avec images renouvellent le partage d'informations. Dans : Mercier / Pignard-Cheynel, 131-168.

Souchier, Emmanuël / Jeanneret, Yves / Le Marec, Joëlle (éds.) (2003) : *Lire, écrire, récrire. Objets, signes et pratiques des médias informatisés*. Paris : BPI-Centre Pompidou.

Thimm, Caja (2015) : The mediatization of politics and the digital public sphere: the dynamics of mini-publics. Dans : Frame, Alex / Brachotte, Gilles (éds.) : *Citizen Participation and Political Communication in a Digital World*. New York : Routledge, 167-183.

Volochinov, Valentin Nikolaevič (1929/1977) : *Le marxisme et la philosophie du langage*. Paris : Minuit.

Auteures

MAGALI BIGEY est docteure en Sciences du Langage et maître de conférences en Sciences de l'Information et de la Communication au sein de l'équipe Conception, Création, Médiations du laboratoire ELLIADD de l'université de Franche-Comté. Ses principaux travaux de recherches sont orientés d'une part vers la sociologie des usages culturels et les pratiques de réception des publics populaires, d'autre part vers les usages des réseaux sociaux et l'analyse sémio-linguistique des discours circulants via l'inscription de soi en discours.

EVA MARTHA ECKKRAMMER est présidente de l'Université de Trèves depuis 2023 et professeure de linguistique et des études de médias romanes à l'Université de Mannheim depuis 2009 où elle représente notamment l'espagnol, le français et l'italien ainsi que, ponctuellement, le créole et le portugais. Elle a fait ses études à l'Université de Salzbourg et de Coimbra. Ses recherches portent principalement sur la linguistique textuelle et de médias comparatives, l'étude de multimodalité et de communication technique, la linguistique variationnelle, la créolistique, la recherche de politique linguistique ainsi que la linguistique de migration et de produits. L'une de ses dernières publications est *Manual del español en América* (2021, De Gruyter, Berlin/Boston, Mass.).

LIVIA GAUDINO FALLEGGER travaille à l'Université Justus-Liebig de Gießen dans le domaine de linguistique romane en tant que maître de conférences (Privatdozentin), se concentrant sur le français et l'espagnol. Elle est conseillère d'examens et ses recherches portent principalement sur la langue parlée, la morphologie et la syntaxe des langues romanes, la prosodie, la mondialisation linguistique et l'interculturalité d'un point de vue linguistique. Sa thèse d'habilitation porte le titre *Hypotaktische Konstrukte im gesprochenen Spanischen. Theorie und Empirie* (2010, Gottfried Egert, Wilhelmsfeld) et sa thèse de doctorat, parue en 1992, est intitulée *I dimostrativi nell'italiano parlato* (Gottfried Egert, Wilhelmsfeld).

ANAMARIA GEBĂILĂ est maître de conférences dans la section d'études italiennes du Département des langues et littératures romanes, études classiques et grec modern de la Faculté des Langues et Littératures Étrangères de l'Université de Bucarest. Elle enseigne la langue et la linguistique italienne ainsi que le langage technique et scientifique de spécialité pour les sections de Traduction et Interprétation. Ses intérêts de recherche se concentrent sur la sémantique, la pragmatique et l'analyse du discours appliqué à l'italien et dans une perspective contrastive romane. Elle a aussi traduit de l'italien au roumain plus de dix volumes d'auteurs comme P. Bembo, U. Eco, G. Agamben ou A. Baricco et plusieurs ouvrages d'histoire, d'histoire de l'art, d'histoire de l'architecture, médicaux, etc.

Sandra Issel-Dombert a obtenu son doctorat en linguistique française. Actuellement, elle est post doc à l'Université de la Ruhr à Bochum et travaille sur un projet intitulé « L'Espagne en Asie et l'Asie en Espagne : une analyse linguistique migratoire de la situation sociolinguistique des travailleuses doméstiques philippines en Espagne » (financé par la Deutsche Forschungsgemeinschaft, DFG). Ses autres domaines de recherche sont le plurilinguisme, la phraséologie, l'analyse du discours et la linguistique historique.

Antje Lobin est professeure d'université en linguistique italienne et française à l'université Johannes Gutenberg de Mayence depuis 2015. Après des études de français, d'italien et de gestion d'entreprise à l'Université Justus-Liebig (Gießen), à l'Université de Bourgogne (Dijon) et à l'Université La Sapienza (Rome) elle a obtenu son doctorat en 2006 avec une thèse sur les noms de marques italiens. En 2015, elle a obtenu son habilitation avec une thèse à l'interface de la linguistique conversationnelle, de la linguistique des médias et de la sociolinguistique. Ses travaux portent également sur le multilinguisme, les débats sur les normes linguistiques, la critique de la langue et l'usage de la langue en politique.

Daniela Pietrini est professeure de linguistique italienne et française à l'Université de Halle-Wittenberg. Elle a fait ses études à Naples, Heidelberg et Vienne. Elle a obtenu son doctorat à l'Université de Heidelberg en 2007 avec une thèse sur la langue des bandes dessinées de Disney italiennes (*Parola di papero*, 2009, Cesati, Florence), et son habilitation à diriger des recherches en 2015 avec une analyse linguistique du discours sur la famille contemporaine dans la presse française (*Sprache und Gesellschaft im Wandel*, 2018, Lang, Berlin). Ses recherches portent principalement sur la linguistique variationnelle, la formation des mots, les pratiques discursives dans les médias, l'analyse linguistique du discours et la description de l'italien et du français contemporains. Son dernier livre est *La lingua infetta. L'italiano della pandemia* (2021, Treccani, Rome) sur la langue italienne pendant la pandémie de Covid-19.

TANJA PROHL a fait ses études à Bamberg et à Bordeaux et travaille actuellement à l'Université de Bamberg dans le domaine de linguistique romane. Elle
a obtenu son doctorat en 2019 (titre de la thèse : *Das Französische als Pinguin
unter den Diglossien?: Eine empirische Untersuchung lexikalischer Alltagsdu-
bletten vor dem Hintergrund der Diglossie-Hypothese*). Ses recherches portent
principalement sur la linguistique variationnelle, l'expression orale et écrite, la
sociolinguistique, la linguistique cognitive et la sémantique lexicale.

ANGELA SCHROTT est professeure des universités et tient la chaire de linguistique romane à l'université de Cassel depuis 2007. Elle a obtenu son doctorat en
1996 à l'Université Louis-et-Maximilien de Munich et son habilitation à diriger des recherches à l'Université de la Ruhr à Bochum en 2006. Des postes de
professeur invité l'ont – entre autres – conduite à Buenos Aires et Montevideo.
De 2015 à 2017, elle a été vice-présidente et de 2017 à 2019, présidente de l'Association des Romanistes Allemands. Ses recherches portent sur la linguistique
textuelle et les traditions discursives axées sur les liens entre la compétence textuelle et la complexité du texte. Ses autres domaines de recherche sont la pragmalinguistique et l'analyse conversationnelle historique ainsi que les temps et
les aspects dans les langues romanes.

JUSTINE SIMON est maître de conférences en Sciences de l'Information et de
la Communication à l'Université de Franche-Comté (France) et chercheuse
au laboratoire Éditions, Langages, Littératures, Informatique, Arts, Didac-
tiques, Discours (ÉLLIADD, UR 4661). Elle est également chercheure associée
au Centre de Recherche sur les Médiations (CREM, UR 3476). Ses recherches
sont consacrées à la communication numérique (culture participative, réseaux
socionumériques) et à l'analyse du discours numérique (discours hypertextualisé, interdiscursivité et argumentativité). Un intérêt est porté par la chercheuse
à la construction plurisémiotique des discours mêlant textes, images, sons,
musiques dans des contextes socionumériques variés (infox par l'image, communication politique, culture des mèmes).

VERENA WEILAND est assistante de recherche à l'Institut des langues romanes
de l'université de Bonn. Elle a effectué son doctorat en cotutelle entre Heidelberg
et Paris XII. Sa thèse été publiée en 2020 sous le titre *Sprachwissenschaftliche
Zugriffe auf Diskurse. Ein korpuslinguistischer Ansatz am Beispiel des Themas
„Sicherheit und Überwachung" in Frankreich* et a été primé par le Prix Ger-
maine de Staël (Association des francoromanistes allemands). Ses domaines de

recherche sont la linguistique espagnole et française avec un intérêt particulier pour l'analyse du discours, la politolinguistique ainsi que la dialectologie.

Contacts

Magali Bigey
Maître de conférences en Sciences de l'Information et de la Communication
Université de Franche-Comté
IUT BV Département Information-Communication
30, avenue de l'Observatoire
25009 Besançon Cedex, France
Courriel: magali.bigey@gmail.com

Prof. Dr. Eva Martha Eckkrammer
Présidente de l'Université de Trèves
Université de Mannheim
Lehrstuhlinhaberin Romanische Sprach- und Medienwissenschaft
Romanisches Seminar
L 15, 1–6
68161 Mannheim, Allemagne
Courriel : eckkrammer@uni-mannheim.de

PD Dr. Livia Gaudino Fallegger
Université Justus-Liebig de Gießen
Romanische Sprachwissenschaft mit Schwerpunkt Französisch und Spanisch
Philosophikum II
Karl-Glöckner-Str. 5
35394 Gießen, Allemagne
Courriel : livia.gaudino-fallegger@romanistik.uni-giessen.de

Dr. Anamaria Gebăilă
Maître de conférences
Université de Bucarest
Faculté des Langues et Littératures Étrangères
Département des langues et littératures romanes, études classiques et grec moderne
Rue Edgar Quinet 5–7
077040 Bucarest, Roumanie
Courriel: anamaria.gebaila@lls.unibuc.ro

Dr. Sandra Issel-Dombert
Université de la Ruhr à Bochum
Romanisches Seminar
Universitätsstr. 150
44780 Bochum, Allemagne
Courriel: sandra.issel-dombert@rub.de

Univ.-Prof. Dr. Antje Lobin
Université Johannes Gutenberg
Romanisches Seminar
Jakob-Welder-Weg 18, Philosophicum
55128 Mayence, Allemagne
Courriel: alobin@uni-mainz.de

Prof. Dr. Daniela Pietrini
Université Martin-Luther de Halle-Wittenberg
Institut für Romanistik
Ludwig-Wucherer-Str. 2
06108 Halle-sur-Saale, Allemagne
Courriel : daniela.pietrini@romanistik.uni-halle.de

Dr. phil. Tanja Prohl
Université Otto-Friedrich de Bamberg
Fakultät Geistes- und Kulturwissenschaften
Professur für Romanische Sprachwissenschaft
An der Universität 5
96047 Bamberg, Allemagne
Courriel : tanja.prohl@uni-bamberg.de

Prof. Dr. Angela Schrott
Spécialité Linguistique Romane
Université de Cassel
Institut für Romanistik
Fachbereich Geistes- und Kulturwissenschaften
34109 Cassel, Allemagne
Courriel : angela.schrott@uni-kassel.de

Justine Simon
Maître de conférences en Sciences de l'Information et de la Communication
Université de Franche-Comté
ÉLLIADD (UR 4661), CREM (UR 3476)
IUT Besançon-Vesoul, Département Information-Communication 30, avenue
de l'Observatoire – BP 1559
25009 Besançon Cedex, France
Courriel : justine.simon@dynamots.fr

Dr. Verena Weiland
Université Bonn
Institut VII : Romanistik
Rabinstr. 8
53111 Bonn, Allemagne
Courriel : vweiland@uni-bonn.de

Milton Keynes UK
Ingram Content Group UK Ltd.
UKHW050653110324
439296UK00002B/6